120 neue Diktate für Klasse 7/8

Imme Freundner-Huneke
Hans-Werner Huneke
Hubert Lenter

Ernst Klett Verlag
Stuttgart Düsseldorf Leipzig

Inhalt

Vorwort 6

Vom Abc zur Orthographie

TG	Gemischte Übung	Prüfmethoden	9
TA	Fremdwörter	Schreibungen einprägen	10
TA	Gemischte Übung	Selbstkorrektur und Selbstkritik	11
TG	Gemischte Übung: Schreibungen mit Bindestrich	Konzentrierter schreiben	12
TA	Fremdwörter	Hunderttausend Wörter	13
TG	Gemischte Übungen	Schreib, wie du willst	14

Wörter zum Mitsprechen

OG	Gemischte Übung	Ein Herz für Schimpansen	15
TA	Gemischte Übung	Eine geniale Erfindung	16
ÜG	Konsonantenhäufung	Ein Selbstversuch	17
ÜG	Konsonantenhäufung	Der Affe als Richter	18
ÜG	Verdoppelte Konsonantenbuchstaben einschließlich ss, ck, tz	Eine fette Suppe	19
ÜA	Verdoppelte Konsonantenbuchstaben einschließlich ss, ck, tz	Leben in Korallenriffen	20
ÜG	Silbentrennendes h	Kerzen drehen	21
ÜA	Silbentrennendes h	Wir ziehen um	22
ÜG	Worttrennung am Zeilenende ..	Aufregung um eine Wildsau	23
ÜG	Wörter mit ie	Kein Kinderspiel	24
ÜA	Wörter mit ie	Menschenrechte für Tiere?	25
ÜG	Wörter mit ß nach langem Vokal	Fallschirmspringen	26
ÜA	Wörter mit ß nach langem Vokal	Geisterbeschwörung	27
KG	Gemischte Übung	Aus Karins Tagebuch	28
KA	Gemischte Übung	Lucy	29

Wörter zum Ableiten

OG	Schreibungen nach dem Stammprinzip	Seifenblasen	30
TA	Schreibungen nach dem Stammprinzip	Vom Stammprinzip	31
ÜG	Ableitbares ä, äu	Gut beratene Käufer	32
ÜA	Ableitbares ä, äu	Läufer am Fallschirm	33
ÜG	Auslautverhärtung bei b, d, g	Echte und falsche Korallenschlangen ..	34
ÜA	Auslautverhärtung bei b, d, g	Nelson Mandela – Hoffnung für Südafrika	35
ÜG	Auslautverhärtung bei b, d, g, s	Keiner bleibt durstig	36
ÜG	Auslautverhärtung bei s, ableitbare s, ss, auch ß	Wer wird Kreismeister?	37
ÜA	Auslautverhärtung bei s, ableitbare s, ss, auch ß	Süße Klöße	38
ÜG	Erhalt von verdoppelten Konsonantenbuchstaben einschließlich ss, ck, tz	Der Kuckuck im Ameisenhaufen	39
ÜA	Erhalt von verdoppelten Konsonantenbuchstaben einschließlich ss, ck, tz	Gold und Quecksilber am Amazonas	40
ÜG	Erhalt von silbentrennendem h einschließlich ieh	Kartentrick: Einer steht Wache	41

Inhalt

ÜG	Häufige Wortbausteine: ab-, ent-, miss-, ver-, vor-, weg-	Sonnengereift und handverlesen	42
ÜA	Häufige Wortbausteine: ab-, ent-, miss-, statt-, ver-, vor-	Bis an die Grenzwerte	43
KG	Schreibungen nach dem Stammprinzip und häufige Wortbausteine	Tödlicher Biss	44
KG	Schreibungen nach dem Stammprinzip und häufige Wortbausteine	Gefährlicher Bergsport?	45
KA	Schreibungen nach dem Stammprinzip und häufige Wortbausteine	Kartentrick: Treibjagd	46

Wörter zum Einprägen

OG	Gemischte Übung	Die Vokabeln unterm Kopfkissen	47
TA	Gemischte Übung	Ungleiches ungleich schreiben	48
ÜG	Längenzeichen verdoppelter Vokalbuchstabe	Verheerende Schäden	49
ÜG	Längenzeichen verdoppelter Vokalbuchstabe	Gespenster im Teufelsmoor	50
ÜG	Längenzeichen Dehnungs-h	Fernsehen der Zukunft	51
ÜA	Längenzeichen Dehnungs-h, auch ieh	Eine Wattwanderung	52
ÜA	Längenzeichen Dehnungs-h, auch ieh	Diensthundeführer	53
ÜG	Wörter mit ai	Abenteuer im Maisfeld	54
ÜG	Wörter mit chs	Brief an Lilli	55
ÜG	Wörter mit v für den Laut f	Eine unglaubliche Verwechslung	56
ÜG	Nicht oder schwer ableitbare b, d, dt, g	Auf der Streuobstwiese	57
ÜG	Wörter mit dt, nicht oder schwer ableitbares d	Die Konferenz der Tiere	58
ÜA	Nicht oder schwer ableitbares ä und äu	Kuschelbären aus dem Eukalyptuswald	59
KG	Gemischte Übung	Ungeahnter Besuch	60
KA	Gemischte Übung	Im Hochmoor	61

Wörter aus fremden Sprachen

OG	Gemischte Übung	Der Theaterk(c)lub informiert	62
TA	Gemischte Übung	Orthograph(f)ische Spuren	63
ÜG	Wörter lateinischer Herkunft: einfaches i, v, x, tion	Brief aus der Klinik	64
ÜA	Wörter lateinischer Herkunft: einfaches i, v, x, tion	Leben am Vesuv	65
ÜG	Wörter lateinischer und griechischer Herkunft: einfaches i, v, x, y, ph	Das neue Jahrhundert	66
ÜA	Griechische und lateinische Herkunft: einfaches i, v, x, y, ch, kk, ph, rh, th	Brennstoff aus Algen?	67
ÜG	Französische Herkunft: ant, au, c, é, et, ett, ette, eur, g und j für den Laut ʒ, ier, ine, ment, on, ou, que, v	Urlaubsansichten	68

O	Orientierungsdiktat	Ü	Übungsdiktat	G	Grundstufe
T	Themendiktat	K	Kontrolldiktat	A	Aufbaustufe

Inhalt

Wörter aus fremden Sprachen

ÜG	Wörter englischer Herkunft	Fank(c)lub online	69
ÜG	Italienische und französische Herkunft: au, ai, c, cch, ee, g, gh, gn, kk, on, v, zz	Lasagne	70
KG	Gemischte Übung	Zu Besuch in der Heimat	71
KA	Gemischte Übung	Die Abendnachrichten	72

Prüfen: Wörter, die großgeschrieben werden

OG	Gemischte Übung	Über den Daumen gepeilt	73
TA	Gemischte Übung	Eine gute Idee	74
ÜG	Konkreta und Abstrakta mit Begleiter	Ein neues Familienmitglied	75
ÜG	Konkreta und Abstrakta mit und ohne Begleiter	Die dunkle Seite der Entdeckungen	76
ÜA	Konkreta und Abstrakta mit und ohne Begleiter	Auf der Suche nach dem Glück	77
ÜG	Nomen mit typischen Endbausteinen	Die Verkehrsfliegerschule in Bremen	78
ÜG	Nomen mit typischen Endbausteinen	Die Folgen des Klimawandels	79
ÜG	Nominalisierte Verben	Mehr Erfolg beim Lernen	80
ÜA	Nominalisierte Verben	Wildnis im Norden	81
ÜG	Nominalisierte Adjektive	Auf dem Wochenmarkt	82
ÜA	Nominalisierte Adjektive	Das Drama von Enschede	83
ÜG	Nominalisierte Adjektive: Ordnungszahlen	Erster am Südpol	84
ÜA	Kleinschreibung nominalisierter Zahladjektive als Ausnahme: viel, wenig, eine, andere	Die Menschenrechte sind universal	85
ÜG	Mehrteilige Eigennamen	Der Erdkundeunterricht	86
ÜA	Mehrteilige Eigennamen	Der Westfälische Frieden	87
ÜG	Zeitangaben	Die Ferien beginnen	88
ÜA	Zeitangaben	Termine, Termine	89
ÜG	Anredepronomen Sie, Ihr usw.	Eine Bewerbung	90
KG	Gemischte Übung	Eine Einsteinanekdote	91
KG	Gemischte Übung	Die Märchen der Gebrüder Grimm	92
KA	Gemischte Übung	Die erste Fahrt im Ballon	93

Prüfen: Wörter, die zusammengeschrieben werden

OG	Gemischte Übung	Rezept: Eine selbst gerührte Hautcreme (Hautkrem)	94
TA	Gemischte Übung	Zusammensetzung oder Wortgruppe?	95
ÜG	Zusammengesetzte Nomen und Nominalisierungen	Hausordnung	96
ÜG	Zusammengesetzte Verben: trennbare und untrennbare Bestandteile	Informationen aus dem Internet?	97
ÜG	Einfaches Adjektiv + Verb	Wasserrutschen – ein neuer Wettkampfsport	98
ÜA	Einfaches Adjektiv + Verb	Tapetenwechsel	99
ÜG	Nomen + Verb	Auf große Tour	100

Inhalt

ÜG	Zusammengesetzte Adjektive einschließlich Partizipien	Schachbrettartig gemustert?	101
ÜA	Zusammengesetzte Adjektive einschließlich Partizipien	Tiefblaue Augen	102
ÜA	Andere Wortarten	Renaissance des Briefeschreibens	103
ÜG	Zahlwörter	Kabelnetze umspannen die Erde	104
ÜG	Bindestrich, Ergänzungsstrich	Freiwilliges Soziales Jahr	105
ÜA	Bindestrich	Sauerstoff und Ozon	106
KG	Gemischte Übung	Auf zur Fahrraddemo (Fahrrad-Demo)!	107
KA	Gemischte Übung	Freiwilliges Ökologisches Jahr	108

Prüfen: Zeichensetzung

OG	Kommasetzung, wörtliche Rede	Zwischen zwei Scheiben Glück	109
TA	Satzschlusszeichen, obligatorische und fakultative Kommas	Satzzeichen sind Signale	110
ÜG	Satzschlusszeichen, Doppelpunkt, Gedankenstrich	Interview mit Reinhold Messner	111
ÜG	Wörtliche Rede	Das Austauschkind	112
ÜA	Wörtliche Rede	Das Leben ist schön	113
ÜG	Kommasetzung bei Aufzählungen	Wie in einem fremden Land	114
ÜG	Kommasetzung in Satzgefügen	Berts Katastrophen	115
ÜA	Kommasetzung in Satzgefügen und Satzreihen	Wo warst du, Robert?	116
ÜG	Kommasetzung bei Relativsätzen	Hello, Alice	117
ÜA	Kommasetzung in Satzgefügen, Zusätze, Nachträge	Emma und Daniel	118
ÜG	Textanordnung in Briefen, Listen, Abkürzungen	Bitte um Information	119
KG	Gemischte Übung	Der lange Weg des Lukas B.	120
KA	Gemischte Übung	Monsun oder Der Weiße Tiger	121

Prüfen: das oder dass

OG	das/dass: Artikel, Pronomen oder Konjunktion	Sechs Monate im All	122
ÜG	„das" als Artikel und Pronomen	Weltraumschnupfen	123
ÜG	„dass" als Konjunktion	Aus dem Protokoll einer Schülerratssitzung	124
ÜG	das/dass	Computer schreiben Diktate	125
ÜA	das/dass	Rückkehr nach Babylon?	126
KG	das/dass	Feuer im All	127
KA	das/dass	Der Versuch mit der Kerzenflamme	128
	Quellen		129

O	Orientierungsdiktat	Ü	Übungsdiktat	G	Grundstufe
T	Themendiktat	K	Kontrolldiktat	A	Aufbaustufe

Vorwort

Diktate als Lernhilfe
Diktate zu schreiben gilt als Mittel der Überprüfung rechtschriftlicher Fertigkeiten. Die vorliegende Textsammlung geht davon aus, dass Diktate darüber hinaus auch eine Hilfe beim Erwerb der Rechtschreibung sein können, eine Lernhilfe also. Sie machen zwar keinen eigenständigen Rechtschreibunterricht aus, können aber ein Bestandteil des Unterrichts sein neben anderen, ein flexibel einsetzbarer Baustein. Die angezielte Lernwirkung beruht auf dem Prinzip, die Komplexität des Gegenstandsbereichs Orthographie didaktisch zu reduzieren, die Aufmerksamkeit der Schülerinnen und Schüler auf einzelne Problembereiche zu fokussieren und ihnen dazu jeweils geeignete Lösungsstrategien anzubieten. Diese Strategien können sie bei der Arbeit am Diktattext erproben und sich so die normgemäßen Schreibungen im Sinne eines eigenaktiven Regelerwerbs aneignen. Problembereich und Lösungsstrategien treten dann deutlicher ins Bewusstsein und können thematisiert werden.

Textauswahl und Aufbau
Aus diesen Überlegungen ergeben sich Auswahl und Anordnung der Diktattexte. Sie sind nach Strukturmerkmalen der deutschen Rechtschreibung und damit zugleich nach den jeweils zugehörigen Lösungsstrategien für Rechtschreibprobleme („Mitsprechen", „Ableiten", „Einprägen" und „Prüfen") zu Sequenzen gruppiert.
Eine Sonderstellung nimmt die erste Sequenz „Vom Abc zur Orthographie" ein. Hier werden die Rechtschreibung selbst und der lernende Umgang mit ihr thematisiert. Zugleich bieten die Diktate die Möglichkeit, die angesprochenen Aspekte beim Schreiben unmittelbar auszuprobieren. Auch die fünfte Sequenz „Wörter aus fremden Sprachen" hat eine besondere Position. Die Schreibung von Fremdwörtern, deren Orthographie dem heimischen Wortschatz noch nicht angepasst ist, weist ebenfalls Regularitäten auf, sie ist nicht willkürlich. Ihre Schreibung lässt sich aber nicht vollständig mit den Rechtschreibstrategien für das deutsche Wortmaterial erfassen. Die Schülerinnen und Schüler werden sich hier mit der Zeit einen Zugriff auf Strukturmerkmale der Herkunftssprachen aneignen.
In den einzelnen Sequenzen entspricht der Aufbau möglichen Unterrichtseinheiten. Zu Beginn steht jeweils ein *Orientierungsdiktat,* in dem die verschiedenen Aspekte des Übungsschwerpunkts erfahrbar werden. Es dient in erster Linie der Hinführung zur jeweiligen Rechtschreibthematik und der Ermittlung des Übungsbedarfs. Dann wird ein *Themendiktat* angeboten, das Rechtschreibprobleme und geeignete Lösungsstrategien explizit anspricht. Es folgen *Übungsdiktate* und abschließend zwei oder drei *Kontrolldiktate,* mit denen der Lernerfolg überprüft werden kann.
Die Texte eignen sich für alle Schularten. Die Hinweise zu den Diktaten weisen zwei Schwierigkeitsgrade aus, die *Grundstufe* und die *Aufbaustufe.* Eine weitere Differenzierungsmöglichkeit ist durch die Anpassung des Umfangs gegeben. In den meisten Texten ist durch eine Klammer mit der Zahl der Wörter eine Möglichkeit zum Kürzen gekennzeichnet. Der Rest könnte dann zur inhaltlichen Abrundung z. B. einfach vorgelesen werden.

Authentische Texte?
Bei den ausgewählten Texten handelt es sich nicht um wirklich authentische Texte. Dies muss auch nicht angestrebt werden, da das Diktieren in keinem Fall eine authentische

Schreibsituation ist. Die Diktate sind jedoch in der altersgemäßen Thematik, in den Inhalten und in der Art der Sprachverwendung weitgehend authentisch und nicht einfach Rechtschreib-Übungsmaterial. Texte, die die vorkommenden Rechtschreibbesonderheiten *ausschließlich* auf den jeweiligen Übungsschwerpunkt beschränkten, wären künstlich und liefen Gefahr, von den Schülerinnen und Schülern nicht akzeptiert zu werden.

Rechtschreibdidaktische Konzeption
Die rechtschreibdidaktische Konzeption folgt dem strategieorientierten Ansatz. Den Schülerinnen und Schülern wird also als Hilfe nicht etwa das Einprägen von Wortbildern (schließlich hat das Deutsche eine Alphabetschrift, keine Bilderschrift) oder eine metasprachliche Regelformulierung angeboten (schließlich ist das eigentliche Ziel nicht, etwas über die Rechtschreibung zu wissen, sondern richtig schreiben zu können). Die Hinweise zu den Diktaten schlagen vielmehr wo immer möglich Prüfoperationen vor, sprachanalytische Prozeduren wie das Mitsprechen oder das Ableiten, durch die sich die Schüler das sprachliche Wissen verschaffen können, das sie zum richtigen Schreiben benötigen.[1]

Fachliche Grundlage
Fachliche Grundlage ist das Verständnis der deutschen Orthographie als ein System sinnvoller Information über analysierte Sprache auf verschiedenen sprachlichen Analyseebenen: Laut, Silbe, Morphem (Wortbaustein) sowie grammatische Informationen, die das Einzelwort übergreifen.[2] Den Analyseebenen lassen sich jeweils geeignete Rechtschreibstrategien zuordnen:

Strukturmerkmal der deutschen Rechtschreibung	Rechtschreibstrategie
phonologische Information Laut-Buchstaben-Zuordnung	**Mitsprechen** Sprechen in „Rechtschreibsprache" (Pilotsprache)
silbische Information Kennzeichnung von Silben z. B. durch verdoppelte Konsonantenbuchstaben, silbeninitiales h und bei der Worttrennung am Zeilenende	**Mitsprechen** silbisches Sprechen
morphologische Information Erhalt der Schreibungen aus dem Wortstamm, häufige Wortbausteine	**Ableiten** von verwandten Wörtern, verlängern
wortübergreifende grammatische Information Substantivgroßschreibung Wortgruppen und Zusammensetzungen Syntaktische Gliederung, Zeichensetzung	**Prüfen** Wortartbestimmung (Nomen) Proben anwenden, einprägen Satzbauanalyse
Homonymieprinzip, ästhetisches Prinzip	**Einprägen**

Diese Zuordnungen gelten allerdings nur für den heimischen Wortschatz. Die Schreibung von Fremdwörtern weist z. T. besondere Gegebenheiten aus den Schriftsystemen ihrer Herkunftssprachen auf.

Aufbau der Seiten mit den Diktaten
Jedem Text sind Angaben zum Typ des Diktats (Orientierungsdiktat, Themendiktat, Übungsdiktat, Kontrolldiktat) und zum Schwierigkeitsgrad (Grundstufe, Aufbaustufe) vorangestellt, ferner Angaben zum Übungsschwerpunkt.
Unter „Mögliche Vorgaben" sind für die Klassenstufen 7 und 8 keine Wörter mehr berücksichtigt, die zum Schreibwortschatz der Allgemeinsprache gehören. Ein „Hinweis für die Schülerinnen und Schüler vor dem Diktat" soll die Aufmerksamkeit beim Diktat auf eine begrenzte Menge von Rechtschreibproblemen lenken.
Im Diktattext selbst sind die Wörter, die zum jeweiligen Übungsschwerpunkt gehören, fett gesetzt. Kontrastiv zu schreibende Wörter, also z. B. kleingeschriebene in der Sequenz zur Großschreibung und getrennt geschriebene in der zur Zusammenschreibung, sind nicht hervorgehoben.
Eine Klammer mit der Zahl der Wörter weist auf eine Möglichkeit zur Kürzung des Textes hin.
Ein abschließender Hinweis „Prüfmethode für Schülerinnen und Schüler" nennt Rechtschreibstrategien, die dem Übungsschwerpunkt zugeordnet sind. Sie können die Schülerinnen und Schüler beim Überprüfen ihres Diktats unterstützen.

---

[1] Zu unterschiedlichen Konzeptionen eines strategieorientierten Rechtschreibunterrichts vgl. G. Augst, M. Dehn: Rechtschreibung und Rechtschreibunterricht. Stuttgart 1998. / Ch. Mann: Selbstbestimmtes Rechtschreiblernen. Weinheim, Basel 1991. / P. Gallmann, H. Sitta: Handbuch Rechtschreiben. Zürich 1996.
[2] Vgl. P. Eisenberg: Der Buchstabe und die Schriftstruktur des Wortes. In: Duden Grammatik der deutschen Gegenwartssprache. Hg. von der Dudenredaktion. Mannheim u. a. ^{6}1998. (= Der Duden in 12 Bänden. Band 4). S. 54–84. / Ders.: Grundriß der deutschen Grammatik. Band 1: Das Wort. Stuttgart, Weimar 1998. S. 286–340.

Vom Abc zur Orthographie

TG Übungsschwerpunkt: Gemischte Übung

Hinweis für die Schülerinnen und Schüler vor dem Diktat
In diesem Text erfahrt ihr etwas über drei Prüfmethoden zur Rechtschreibung: Mitsprechen, Ableiten und Prüfen, ob ein Wort ein Nomen ist. Ihr könnt sie beim Schreiben gleich anwenden.

Prüfmethoden
Wer etwas schreibt, der kann nicht einfach gesprochene Wörter in Buchstaben übersetzen. Er muss die Sprache zuerst untersuchen(,) um die richtige Schreibung zu finden. Verschiedene Prüfmethoden helfen bei dieser Aufgabe. Die wichtigsten Methoden sind das Mitsprechen, das Ableiten und der Test, ob ein Wort ein Nomen ist.
Mitsprechen heißt(,) al-le Wör-ter ü-ber-deut-lich und Sil-be für Sil-be mitzusprechen, wenn man sie schreibt. Viele Wörter schreibt man so schon richtig. Oft muss man aber mehr tun. Das g im Wort „wichtigsten" ist nicht zu hören. Hier hilft das Ableiten von „wichtige" oder „wichtiger". Und im letzten Satz wird „das Ableiten" als Nomen verwendet und großgeschrieben. Das kann man durch die Artikelprobe feststellen. (112)
Wer solche Prüfmethoden kennt, entlastet sein Gedächtnis. Aber auch er muss sich noch besondere Schreibungen merken. Das th in „Methode" macht dieses Wort zu einem Beispiel für Merkwörter. (140)

Mögliche Vorgabe: Methode

Arbeitstechnik: Prüfmethoden kennen und nutzen
Überarbeitet das Diktat mithilfe der Prüfmethoden
Mitsprechen,
Ableiten,
Prüfen, ob ein Wort ein Nomen ist.

Vom Abc zur Orthographie

TA **Übungsschwerpunkt: Fremdwörter**

Hinweis für die Schülerinnen und Schüler vor dem Diktat
Manche Wörter, vor allem Fremdwörter, haben Besonderheiten, die man nicht durch Mitsprechen oder Ableiten klären kann. Achtet auf solche Wörter, die ihr euch einprägen müsst.

Schreibungen einprägen
Girokonto, Journalist, Apotheke – es gibt genug Wörter, bei denen man sich die richtige Schreibung einfach einprägen muss. Dazu kommen eigentlich ganz einfache Wörter, die immer wieder falsch geschrieben werden: „Strom" ohne h, „gibt" mit einfachem i – jeder hat da so seine persönlichen Lieblingsfehler. Wie kann man sich solche Schreibungen fest ins Gedächtnis einprägen?
Das fällt leichter, wenn man weiß, wie unser Gedächtnis funktioniert. Drei Tatsachen sind besonders wichtig. Das Gedächtnis verarbeitet kleine Wissensportionen besser als große. Es speichert am besten, was in regelmäßigen Abständen wiederholt wird. Und es arbeitet besser bei Lob als bei Tadel. Deshalb sollet ihr die Schreibung von Wörtern, die ihr euch einprägen wollt, in kleinen Portionen üben. Ihr solltet sie regelmäßig wiederholen und so üben, dass ihr die Erfolge spüren könnt. (127)
Probiert es doch in der kommenden Woche einmal mit einigen Fremdwörtern aus. Hier findet ihr drei Wörter für den Anfang: Rhythmus, Jazzgymnastik, Intelligenzquotient. (139)

Mögliche Vorgaben: Girokonto, Journalist, Apotheke

Arbeitstechnik: Einprägen
Sucht aus Diktaten und anderen Texten, die ihr geschrieben habt, eure persönlichen Fehlerwörter heraus.
Stellt sie zu kleineren Lernportionen zusammen.
Wiederholt portionsweise in regelmäßigen Abständen.

Vom Abc zur Orthographie

TA **Übungsschwerpunkt: Gemischte Übung**

Hinweis für die Schülerinnen und Schüler vor dem Diktat
Wenn ihr einen Text geschrieben habt, solltet ihr die Rechtschreibung noch einmal prüfen. Dabei helfen euch die Prüfmethoden.

Selbstkorrektur und Selbstkritik
Selbst Goethes Originalmanuskripte beweisen es: Niemand schreibt beim ersten Textentwurf gleich fehlerfrei. Texte müssen überarbeitet werden, auch ihre Rechtschreibung. Oft wird das als unangenehm empfunden, denn man muss ja kritisch nach eigenen Fehlern suchen. Kaum jemand tut das gern(,) und manchmal ist die Versuchung groß(,) auf die mühevolle Selbstkorrektur einfach zu verzichten.
Doch wer sich so verhält, der verpasst eine Lernchance. Richtiger ist es, sich den eigenen Fehlern mutig zu stellen. Dann kann man sich auch einen Überblick über die persönlichen Fehlerschwerpunkte verschaffen und weiß, in welchen Bereichen sich das Üben wirklich lohnt. (96)
Grund zur Selbstkritik hat also nur der, der zu bequem ist(,) seine Fehler zu verbessern. (111)

Mögliche Vorgaben: Goethe, Chance

Arbeitstechnik: Überarbeiten mit Prüfmethoden
Unterstreicht die Wörter, bei denen ihr unsicher in der Schreibung seid.
Überarbeitet das Diktat dann mithilfe der Prüfmethoden:
Mitsprechen,
Ableiten,
Prüfen, ob ein Wort ein Nomen ist,
Nachschlagen im Wörterbuch.

12 Vom Abc zur Orthographie

TG Übungsschwerpunkt: Großschreibung, Schreibungen mit Bindestrich

Hinweis für die Schülerinnen und Schüler vor dem Diktat
Wer mit Konzentration schreibt, schreibt besser. Versucht euch beim folgenden Text auf die Großschreibung und auf die Bindestriche zu konzentrieren.

Konzentrierter schreiben
„Konzentrieren – auf einen Punkt ausrichten", so erklärt das Fremdwörterbuch. Worauf konzentriert man sich beim Schreiben? Auf den Inhalt, auf die Formulierungen, auf die Rechtschreibung. Man muss seine Aufmerksamkeit auf unterschiedliche Anforderungen richten, sich mehrfach konzentrieren. Das ist gar nicht so einfach. Außerdem kann es auch beim besten Willen passieren, dass die Aufmerksamkeit abschweift und ganz andere Themen als die Rechtschreibung in den Vordergrund rücken.
Wer wissen möchte, ob er beim Rechtschreiben Schwierigkeiten mit der Konzentration hat, der kann einmal nachsehen, ob sich in seinen Texten die Fehler zum Schluss hin häufen oder ob er öfter „Oberzeichenfehler" macht. Oberzeichen sind t-Striche, i-Punkte sowie ä-, ö- und ü-Striche. Beides sind sichere Hinweise auf ein Aufmerksamkeitsproblem bei der Rechtschreibung. (118)
Was kann man dagegen tun? Oft hilft eine Stilleübung vor dem Schreiben, zum Beispiel eine Atemübung oder eine Übung zur Muskelanspannung und -entspannung vor einem Diktat. (144)

Arbeitstechniken: Konzentrationsübungen
Probiert in der Klasse bei verschiedenen Gelegenheiten Stilleübungen, Atemübungen und Bewegungsspiele bei geöffnetem Fenster oder im Freien aus, bevor ihr euch an eine Arbeit setzt, die viel Aufmerksamkeit erfordert.

Vom Abc zur Orthographie 13

TA Übungsschwerpunkt: Fremdwörter

Hinweis für die Schülerinnen und Schüler vor dem Diktat
Viele Fremdwörter weisen besondere Schreibweisen auf. Achtet auf solche Wörter.

Hunderttausend Wörter
Wer sich in einer fremden Stadt orientieren möchte, der benutzt einen Stadtplan. Wer sich über Wörter und ihre Schreibung informieren will, dem stehen Rechtschreibwörterbücher zur Verfügung. Über weit mehr als hunderttausend Wörter informiert ein modernes Wörterbuch, ein gewaltiger Schatz an Information.
Diese Informationsfülle kann jedoch auch zum Problem werden. Man findet ein Wort nur bei gezielter alphabetischer Suche. Aber weil man die Schreibung eines Wortes ja meist gerade nicht kennt, wenn man es nachschlägt, muss man in Alternativen denken: Charakter, Clown, Känguru, Qualität – diese Wörter zeigen vier verschiedene Möglichkeiten(,) den Laut k zu schreiben. In Trainer, Handy, Lexikon, Fähre und Heavymetal finden sich sogar fünf mögliche Schreibungen für den Laut ä. (113)
Aber vielleicht liegt das Haupthindernis für die Benutzung von Wörterbüchern manchmal gar nicht hier, sondern im weiten Weg zum Bücherregal? (133)

Arbeitstechnik: Nachschlagen
Überarbeitet das Diktat mit dem Wörterbuch. Arbeitet mit eurem Tischnachbarn zusammen.

14 Vom Abc zur Orthographie

TG Übungsschwerpunkt: Gemischte Übung

Hinweis für Schülerinnen und Schüler vor dem Diktat
Achtet auf eine gut lesbare Handschrift. Schreibt nicht zu schnell, ihr habt genügend Zeit.

Schreib, wie du willst
„Wer hat das geschrieben?" Wenn man sich untereinander gut kennt, lässt sich die Frage meist leicht beantworten. Handschriften sind etwas Persönliches und Unverwechselbares. Vielleicht hast du noch ein altes Schulheft aus der Grundschule. Wenn du deine Handschrift damals und heute vergleichst, wirst du leicht sehen, wie sie sich verändert hat. Vielleicht hast du auch einmal verschiedene Handschriften ausprobiert und dich dann für deinen eigenen Stil entschieden.
Eine gute Handschrift sollte aber nicht nur eine persönliche Note tragen, sie sollte auch übersichtlich und gut lesbar sein – für dich selbst und für andere. Oft gibt es auch einen Zusammenhang zur Rechtschreibung. Wie ist das in deinen Texten? Machst du weniger Fehler, wenn du übersichtlicher schreibst? (117)
Schreib, wie du wirklich willst. Du hast es in der Hand. (128)

Mögliche Vorgabe: Stil

Arbeitstechnik: Gut lesbare Handschrift
Sieh auf deine Handschrift in diesem Diktat. Ist sie übersichtlich und klar? Sind alle Buchstaben eindeutig geschrieben? Gefällt dir die Schrift?
Wenn du beim Überarbeiten etwas verbessern möchtest, streiche das falsche Wort sauber durch und markiere es mit einer Zahl.
Notiere unter dem Diktattext die Zahl und schreibe das Wort dann richtig auf.

Wörter zum Mitsprechen 15

OG Übungsschwerpunkt: Gemischte Übung
Konsonantenhäufung, verdoppelte Konsonantenbuchstaben, silbentrennendes h, ie, ß

Hinweis für die Schülerinnen und Schüler vor dem Diktat
Vieles könnt ihr bereits richtig schreiben, wenn ihr die Wörter langsam und deutlich beim Schreiben mitsprecht: fal len mit ll, ge hen mit h, schließen mit ie und ß.

Ein Herz für Schimpansen
Kein anderer Mensch ist frei lebenden Schimpansen so nahe gekommen wie Jane Goodall. Die englische Verhaltensforscherin verbrachte dreißig Jahre ihres Lebens im afrikanischen Urwald. Mit geduldiger Zuwendung gelang es ihr, das Vertrauen einer Gruppe wilder Schimpansen zu gewinnen. Die Mitglieder der Horde sahen in ihr so etwas wie eine andere Schimpansin. Einige Tiere entwickelten sogar freundschaftliche Beziehungen zu der Forscherin, die ihrerseits die Tiere kennen und lieben lernte. Die Affen ließen sich so aus kurzer Entfernung beobachten. Niemals zuvor hat ein Mensch das Leben frei umherziehender Schimpansen so genau studiert und beschrieben.
In ihren spannenden Büchern fesselt Jane Goodall die Leser mit ihren Abenteuern und Entdeckungen. (110)
Leider bedrohen Umweltzerstörung und Krankheiten die Schimpansen. In aller Welt sucht Jane Goodall daher heute Unterstützung für ihr Projekt(,) die Schimpansen in ihrem natürlichen Lebensraum zu schützen. (137)

Mögliche Vorgaben: Jane Goodall, Urwald

Prüfmethode für Schülerinnen und Schüler: Mitsprechen
Wenn ihr langsam, deutlich und in Silben mitsprecht, könnt ihr feststellen,
- ob ihr alle Konsonantenbuchstaben hingeschrieben habt,
- wo Buchstaben für Konsonanten verdoppelt sind,
- wo ie stehen muss,
- wo ein h am Silbenanfang steht und
- wo ß stehen muss.

16 Wörter zum Mitsprechen

 Übungsschwerpunkt: Gemischte Übung
Konsonantenhäufung, verdoppelte Konsonantenbuchstaben, silbentrennendes h, ie, ß

Hinweis für die Schülerinnen und Schüler vor dem Diktat
Vieles könnt ihr bereits richtig schreiben, wenn ihr die Wörter langsam und deutlich beim Schreiben mitsprecht: fal len mit ll, ge hen mit h, schließen mit ie und ß.

Eine geniale Erfindung
Erst vor wenigen tausend Jahren wurde die Schrift erfunden. Die Schrifterfinder überall auf der Welt sind dabei immer wieder auf drei verschiedene Prinzipien gestoßen.
In Bilderschriften stehen die Schriftzeichen direkt für das, was gemeint ist. Wir verstehen solche Zeichen sogar, wenn wir eine andere Sprache sprechen. Die Bildzeichen vieler Hinweisschilder auf Flughäfen und Bahnhöfen sind ein modernes Beispiel dafür. In Wortschriften gibt es für jedes Wort ein besonderes Zeichen. Das Chinesische hat eine solche Schrift(,) und in den Schulen müssen viele tausend Schriftzeichen gelernt werden.
Eine geniale Erfindung ist die Alphabetschrift. Man benötigt nur etwa dreißig Zeichen und kann damit alle Wörter einer Sprache festhalten. Die Alphabetschrift nutzt unsere Fähigkeit(,) die Wörter in Silben und Laute zu zerlegen. Wer beim Schreiben überdeutlich und Silbe für Silbe mitspricht, findet deshalb in vielen Fällen schon die richtige Schreibung.
(139)
Ein herzliches Dankeschön an die Erfinder der Alphabetschrift! (147)

Mögliche Vorgaben: Alphabet, beim Schreiben, ein Dankeschön

 Prüfmethode für Schülerinnen und Schüler: Mitsprechen
Wenn ihr langsam, deutlich und in Silben mitsprecht, könnt ihr feststellen,
- ob ihr alle Konsonantenbuchstaben hingeschrieben habt,
- wo Buchstaben für Konsonanten verdoppelt sind,
- wo ie stehen muss,
- wo ein h am Silbenanfang steht und
- wo ß stehen muss.

Wörter zum Mitsprechen — 17

ÜG Übungsschwerpunkt: Konsonantenhäufung

Hinweis für die Schülerinnen und Schüler vor dem Diktat
Achtet darauf, dass ihr keine Buchstaben auslasst. Ihr könnt euch schwierige Wörter langsam und deutlich vorsprechen.

Ein Selbstversuch
Gestern lief meine jüngste Schwester mit einer ausgedienten Küchenrolle umher und behauptete begeistert, ihre Hand habe ein Loch. Ich versuchte es selbst und hielt die Papprolle mit der rechten Hand vor das rechte Auge. Die linke Hand hielt ich in etwa zwanzig Zentimeter Abstand neben die Rolle vor das linke Auge. Tatsächlich schaute ich jetzt durch ein Loch in meiner Hand auf alles, was ich durch mein Fernglas betrachtete.
Eigentlich hat meine Hand natürlich kein Loch. Das ist mir klar. Aber für mein Gehirn ist es schwierig festzustellen, was die beiden verschiedenen Bilder bedeuten, die die Augen gleichzeitig melden. So machte ich diese offensichtlich unvernünftige Beobachtung. (108)
Inzwischen bemerkte ich, wie mir einmal die ganze Hand erschien und kurz darauf nur das angepeilte Bild in meiner Papprolle. Mein Kopf versuchte es jetzt scheinbar mal mit einer anderen Erklärung. (139)

Mögliche Vorgabe: Papprolle

Prüfmethode für Schülerinnen und Schüler: Mitsprechen
Lest den Text noch einmal und sprecht dabei langsam und deutlich mit. So könnt ihr Stellen entdecken, wo ihr einen Buchstaben ausgelassen habt.

18 Wörter zum Mitsprechen

ÜG Übungsschwerpunkt: Konsonantenhäufung

Hinweis für die Schülerinnen und Schüler vor dem Diktat
Achtet darauf, dass ihr keine Buchstaben auslasst. Ihr könnt euch schwierige Wörter langsam und deutlich vorsprechen.

Der Affe als Richter
Der Hund und der Fuchs stürzten sich gleichzeitig auf eine schöne, große Wurst, die jemand verloren hatte. Sie kämpften eine Weile darum. Weil sie aber gleich stark waren, blieb der Kampf unentschieden. So gingen sie zum klugen Affen. Sein Richterspruch sollte gelten.
Der Affe hörte den beiden aufmerksam zu und verkündete mit gerunzelter Stirn sein Urteil:
„Die Sache ist klar. Jedem von euch gehört genau die halbe Wurst."
Damit brach er die Wurst in zwei Hälften und legte beide Teile auf eine Waage. Die eine Hälfte war etwas schwerer. Also biss er einen guten Happen davon ab. Nochmals prüfte er das Gewicht. Nun war die andere Hälfte zu schwer und wurde gekürzt. Der Affe strengte sich weiter an(,) das rechte Gleichgewicht zu schaffen. Die Enden der Wurst wurden abwechselnd immer kleiner und die Augen von Hund und Fuchs immer größer. (144)
Als die Reste hier und da ganz verschlungen waren, schlichen sich Hund und Fuchs mit eingezogenem Schwanz davon. (162)

Mögliche Vorgaben: Waage, biss, Fuchs

Prüfmethode für Schülerinnen und Schüler: Mitsprechen
Lest den Text noch einmal und sprecht dabei langsam und deutlich mit. So könnt ihr Stellen entdecken, wo ihr einen Buchstaben ausgelassen habt.

Wörter zum Mitsprechen 19

ÜG Übungsschwerpunkt: Verdoppelte Konsonantenbuchstaben einschließlich ss, ck, tz

Hinweis für die Schülerinnen und Schüler vor dem Diktat
Achtet besonders auf Wörter wie „fal len, dop pelt, las sen", in denen die Buchstaben für Konsonanten verdoppelt sind.
Achtet in Wörtern wie „Brüc ke" auf ck und in Wörtern wie „set zen" auf tz.

Eine fette Suppe
Ein armer Wanderer betrat eine Gaststube(,) um sich erschöpft an einen der Tische zu **setzen**. Er **hatte** gerade noch einen einzigen Groschen in der Tasche und überlegte, wie der am besten zu **nutzen** sei.
Er fragte den Wirt, ob er ihm etwas zu **essen** machen **könne**, vielleicht eine warme, kräftige **Suppe**. Der geizige Wirt zögerte und dachte: „**Hoffentlich** kann der Kerl überhaupt bezahlen."
Da machte ihm der Gast ein **verlockendes** Angebot: „Du sollst so viele Geldstücke **bekommen**, wie Fettaugen in meiner **Suppe schwimmen**."(86)
Der Wirt eilte sofort in die Küche(,) und es wurde reichlich Speck **ausgelassen** und **Butter** in die **Suppe** gegeben.
Als der Wirt **voller** Erwartung die dampfende **Suppe** zum Tisch brachte, kramte der Gast den einen Groschen hervor. Der Wirt **zitterte** vor Wut und **wetterte** los: „Du Lump, du willst mich betrügen." Der Wanderer aber bemerkte **gelassen**, es sei doch nur ein einziges, **dickes** Fettauge, das seine **Suppe bedecke**. Zufrieden **löffelte** er den Teller aus. (160)

Mögliche Vorgabe: Fettauge

Prüfmethode für Schülerinnen und Schüler: Mitsprechen
Geht das Diktat noch einmal durch, indem ihr es in Silben sprecht. Also: „Die fet te Sup pe" usw.
So könnt ihr beim Mitsprechen merken, wo Buchstaben für Konsonanten verdoppelt sind.
Beachtet die besonderen Schreibweisen bei ck und tz.

20 Wörter zum Mitsprechen

ÜA Übungsschwerpunkt: Verdoppelte Konsonantenbuchstaben einschließlich ss, ck, tz

Hinweis für die Schülerinnen und Schüler vor dem Diktat
Achtet besonders auf Wörter wie „fal len, dop pelt, las sen", in denen die Buchstaben für Konsonanten verdoppelt sind.
Achtet in Wörtern wie „Brüc ke" auf ck und in Wörtern wie „set zen" auf tz.

Leben in Korallenriffen
Wir tauchen ein in die Welt der **Korallenriffe**. In allen Farben **schillern** die Fische im klaren **Wasser**. Sie **sammeln** sich in Schwärmen, **schwimmen** einzeln oder zu zweit dahin oder **verstecken** sich zwischen den **Korallen**.
Die **Schmetterlingsfische** leuchten in einem **hellen** Gelb. Sie schweben das **schützende** Riff entlang und **knabbern** lebende Teile der **Korallen** von den harten **Skeletten** ab. Dunkle **Flecken** auf ihren **Schwanzflossen erinnern** an große Augen. Damit **verwirren** sie ihre Feinde. Mit ihren flachen, **dünnen** Körpern **passen** die **Schmetterlingsfische** in die engsten Spalten. (87)
Glitzernde Barsche grasen den Algenrasen auf den **Korallen** ab. Sie **besetzen** feste **Futterplätze** und verteidigen sie gegen andere **Pflanzenfresser**. **Zackenbarsche** verharren regungslos in ihren **Verstecken** und **überfallen** von hier aus ihre Beute. Zu besonderen **Plätzen kommen** die großen Fische, um sich hier von den **Putzerfischen** das **offene** Maul reinigen zu **lassen**. (138)
Eine **Qualle** segelt mit eleganten Bewegungen vorbei. An ihren **Nesselfäden können** wir uns zum Glück hinter der **dicken** Glasscheibe nicht **verbrennen**. Dann tauchen wir auf aus der Welt des Aquariums und werden geblendet vom **grellen Sonnenlicht**. (174)

Mögliche Vorgaben: Schwärme, Skelett, zum Glück

Prüfmethode für Schülerinnen und Schüler: Mitsprechen
Geht das Diktat noch einmal durch, indem ihr es in Silben sprecht.
Also: „Ko ral len rif fe" usw.
So könnt ihr beim Mitsprechen merken, wo Buchstaben für Konsonanten verdoppelt sind.
Beachtet die besonderen Schreibweisen bei ck und tz.
Kontrolliert beim Mitsprechen auch, ob ihr keine Buchstaben ausgelassen habt.

Wörter zum Mitsprechen — 21

ÜG Übungsschwerpunkt: Silbentrennendes h

Hinweis für die Schülerinnen und Schüler vor dem Diktat
Achtet auf versteckte h in Wörtern wie „ge hen" oder „frü her".

Kerzen drehen
Kerzen aus Bienenwachs lassen sich **mühelos** selbst **drehen**. Die dünnen Wachsplatten kann man sich in einem Laden für Bastelbedarf oder noch besser direkt bei einem Imker besorgen.
Ehe wir die Kerzen **drehen**, bereiten wir den Docht vor. Dazu schmelzen wir einige Wachsreste in einer nicht zu **hohen** Blechdose und **ziehen** nach und nach einen Faden aus Baumwolle durch das flüssige Wachs.
Dann schneiden wir mit einem Messer und einem Lineal ein Stück von der Wachsplatte ab. **Beinahe** jede Größe können wir so zuschneiden(,) und durch einen dreieckigen Zuschnitt kann man der Kerze eine nach oben hin spitze Form **verleihen**.
Nun drücken wir ein Stück Docht **nahe** der Kante ins Wachs und rollen die Platte um den Docht herum fest auf. (122)
Kerzen aus Bienenwachs **sehen** mit ihrer natürlichen Farbe und dem Wabenmuster gut aus. Sie brennen **ruhig** und verbreiten einen wunderbaren Duft. (143)

Mögliche Vorgabe: Wachs

Prüfmethode für Schülerinnen und Schüler: Mitsprechen
Lest euch das Diktat noch einmal so vor, dass ihr zwischen den Silben deutliche Pausen macht: „Ker zen dre **h**en …" Durch dieses silbische Mitsprechen könnt ihr solche h am Anfang der zweiten Silbe hörbar machen.

22 Wörter zum Mitsprechen

ÜA Übungsschwerpunkt: Silbentrennendes h

Hinweis für die Schülerinnen und Schüler vor dem Diktat
Achtet auf versteckte h in Wörtern wie „ge hen" oder „frü her".

Wir ziehen um
Schon seit Wochen scheint sich bei uns alles um den **bevorstehenden** Umzug zu **drehen**. Im Flur stapeln sich die Kartons. Wir kommen **beinahe** nicht mehr ins Haus hinein. Meine **Turnschuhe** und andere lebenswichtige Dinge sind spurlos verschwunden.
Am **frühen** Morgen holt mein Vater den Lastwagen, den wir uns für den Umzugstag **ausgeliehen** haben. Er fährt mit der Ladeklappe möglichst **nahe** an den Hauseingang heran. Viele fleißige Helfer treffen ein und packen mit an. Sie schleppen Möbel und Kisten, Teppiche und Kartons, Matratzen und **Truhen**, den **Fernseher** und die Zimmerpflanzen. Mein Freund Holger und ich **bemühen** uns(,) alles der **Reihe** nach im Laster zu verladen. Die **hohen** und schweren Möbel müssen unten **stehen**, die leichteren Sachen können wir **ruhig** weiter oben verstauen. (124)
Da bekommen wir schon wieder schwungvoll einen Sessel angeliefert, der erst einmal auf meinen **Zehen** landet, immerhin mit der Bitte um **Verzeihung**. (146)
Ehe im neuen Haus ausgeladen wird, gönnen wir uns alle eine Pause und **weihen** die Küche ein. (163)

Mögliche Vorgabe: Karton

Prüfmethode für Schülerinnen und Schüler: Mitsprechen
Lest euch das Diktat noch einmal so vor, dass ihr zwischen den Silben deutliche Pausen macht: „Wir zie **h**en um". Durch dieses silbische Mitsprechen könnt ihr solche h am Anfang der zweiten Silbe hörbar machen.

Wörter zum Mitsprechen | 23

ÜG Übungsschwerpunkt: Worttrennung am Zeilenende

Hinweis für die Schülerinnen und Schüler vor dem Diktat
An den Zeilenenden müssen die Wörter nach Sprechsilben getrennt werden.

Hinweis: Der unglaubliche (aber wahre!) Vorfall muss unbedingt noch in die kommende Ausgabe der Tageszeitung. Dafür muss der Bericht in vier schmalen Spalten geschrieben werden. Teilt eure Heftseite mit Bleistiftlinien in vier gleich breite Spalten. Schreibt das Diktat nun in die Spalten. An den Zeilenenden müssen die Wörter nach Sprechsilben getrennt werden. Gemogelt werden darf nicht, die Handschrift soll gleichmäßig sein.

Aufregung um eine Wildsau
Neckargemünd. Für eine Riesenaufregung sorgte gestern Mittag ein Wildschwein. Das Borstenvieh hatte offenbar das Dickicht des Odenwaldes verlassen, war in den Neckar gesprungen und hatte ihn durchschwommen. Augenzeugen haben beobachtet, wie das Tier dann in den Ort lief. In den engen Gassen musste es sich verirren. Völlig orientierungslos geriet es ausgerechnet in den Hof der Polizeiwache. Bevor die Beamten aber etwas tun konnten, durchbrach die Sau schon den Zaun zum Nachbarn. Dort muss es die offen stehende Terrassentür als Einladung angesehen haben(,) ins Wohnzimmer zu rennen. Aber die Polizisten waren sofort zur Stelle und schlossen die Terrassentür. Wer nun dachte, das Schwein sitze in der Falle, sollte sich irren. Mit einem kühnen Sprung durch die doppelt verglaste Fensterscheibe befreite sich das Tier, überquerte die Straße und fand sich auf den Gleisen der Bahnlinie wieder. Einem herannahenden Zug entkam es durch den über hundert Meter langen Eisenbahntunnel. Die Eisenbahnbrücke nutzend(,) konnte die Sau dann trockenen Fußes über den Neckar setzen. (164)
Sie hätte wohl das heimatliche Dickicht wieder erreicht, wenn sie nicht auf der Bundesstraße noch mit einem Auto zusammengestoßen wäre. (184)

Mögliche Vorgaben: Neckargemünd, Vieh

Prüfmethode für Schülerinnen und Schüler: Mitsprechen
Sprecht euch die Wörter, die getrennt werden müssen, noch einmal in Silben vor und trennt nach Sprechsilben.
Beispiele: kom men, ste hen, Stra ße, Kas per, Fens ter, sit zen, sprin gen.
Aber: Nicht getrennt werden feste Buchstabenverbindungen wie in la chen, wa schen; dies gilt auch für ck: Zu cker.

24 Wörter zum Mitsprechen

ÜG Übungsschwerpunkt: Wörter mit ie

Hinweis für die Schülerinnen und Schüler vor dem Diktat
Achtet auf Wörter mit ie.

Kein Kinderspiel
Es war an einem der ersten warmen Sommertage, als **die** Jungen auf der **Wiese** unter den Obstbäumen Verstecken **spielten**. Einer **hielt** sich **die** Augen zu(,) und **die** anderen **liefen** in alle Richtungen davon. Dann war es für eine Weile ganz still, bevor **die** ersten entdeckt wurden oder sich am **Ziel** frei schlugen und ihr **Siegesgeheul** ertönte.
Plötzlich aber **schrie** Robert **wie** am **Spieß**(,) und alle wussten sofort, dass **dies** nicht zu dem **Spiel** gehörte. Er rannte **wie** um sein Leben. Ein ganzer Schwarm **Bienen** sauste um seinen Kopf herum(,) und er konnte ihnen nur mit knapper Not **entfliehen**. (100)
Da sahen die Kinder den **riesigen Bienenschwarm**, der **wie** eine große Traube an dem hohen Kirschbaum hing. Immer mehr **Bienen ließen** sich auf dem summenden Haufen **nieder**. Robert beruhigte sich **wieder**. **Die** Jungen **liefen** nach Hause und **riefen** die Feuerwehr an. Kurz darauf **erschien** ein Imker, der alles stehen und **liegen** gelassen hatte(,) um das kostbare **Bienenvolk** nicht zu **verlieren**. (160)

Prüfmethode für Schülerinnen und Schüler: Mitsprechen
Wo ein i lang gesprochen wird, steht in den meisten Fällen ie.
Die Ausnahmen bei wir, mir, ihr, ihm usw. kennt ihr bestimmt.

Wörter zum Mitsprechen 25

ÜA Übungsschwerpunkt: Wörter mit ie

Hinweis für die Schülerinnen und Schüler vor dem Diktat
Achtet auf Wörter mit ie.

Menschenrechte für Tiere?
Die Mitglieder der Europäischen Union haben sich vor einiger Zeit auf Gesetze zum **Tierschutz** geeinigt. So muss zum **Beispiel** den Hennen in einer **Legebatterie** ein Mindestraum zur Verfügung stehen(,) und **Tiertransporte unterliegen** genauen Vorschriften. **Diese** Fortschritte zu **erzielen**(,) war **schwierig** genug. **Tierschützer** jedoch hätten gern **viel** mehr für eine artgerechte **Tierhaltung** getan.
Tierrechtler in Neuseeland haben jetzt einen **viel** weiter gehenden **Sieg** verbucht: Ein Gesetz **verbietet** Versuche mit Menschenaffen, **die diesen Tierarten** nicht selber nützen. **Hier** ist erstmals ein Grundrecht für **Tiere formuliert** worden, auch wenn **diese** es **nie** werden einklagen können. **Traumziel vieler Tierrechtler** wären artübergreifende Rechte für **Tiere wie** das Recht auf Freiheit oder das Recht auf Leben und Gesundheit. (115)
Aber sollen **diese** Rechte wirklich allen **Tieren verliehen** werden, dem Hund ebenso **wie** dem Schwein oder der **Fliege** auf dem Teller? Oder **liegt vielleicht die** Lösung darin, dass wir **die Tiere respektieren** und zugleich für uns nutzen? (151)

Mögliche Vorgaben: Europäische Union, Neuseeland

Prüfmethode für Schülerinnen und Schüler: Mitsprechen
Wo ein i lang gesprochen wird, steht in den meisten Fällen ie.
Die Ausnahmen bei wir, mir, ihr, ihm usw. kennt ihr bestimmt.

26 Wörter zum Mitsprechen

ÜG Übungsschwerpunkt: Wörter mit ß nach langem Vokal

Hinweis für die Schülerinnen und Schüler vor dem Diktat
Dieser Text enthält viele Wörter, die mit ß geschrieben werden.

Methodischer Hinweis: Für Schülerinnen und Schüler, die stimmhaftes und stimmloses s nicht unterscheiden können, bietet sich der Zugang über das Einprägen der ß-Wörter an.

Fallschirmspringen
Die Luke ist geöffnet, die ersten Springer haben sich aus dreitausend Metern Höhe schon fallen lassen. Zweifel, Freude, Angst **schießen** mir durch den Kopf. Ist der Schirm richtig gefaltet und verpackt? Dann **entschließe** ich mich und wage den Sprung ins Freie. Nur **dreißig** bis vierzig Sekunden lang können wir Springer die Schwerelosigkeit **genießen**. In der eisigen Luft schwimmen wir aufeinander zu, fassen uns bei den Händen, **stoßen** uns voneinander ab und schweben wieder auseinander. Über uns **bloß** der blaue Himmel und wenige **weiße** Wolken in der **gleißenden** Sonne, unter uns ein Flickenteppich aus Wiesen und Wäldern, durchzogen von Flüssen und **Straßen**, die langsam näher kommen. Dazwischen **regelmäßig** ein kurzer Blick auf den Höhenmesser, bis der entscheidende Moment gekommen ist, die **Reißleine** zu ziehen. Der **große** Schirm bremst den freien Fall. (131)
Noch reicht die Zeit für einen **Gruß** nach unten. Alle Schirme wackeln hin und her. Dann wird es ernst. Häuser, der Wald, ein **Windstoß** will den Schirm **fortreißen**, steuern, da ist die Wiese, steuern, landen, abrollen – fester Boden unter den **Füßen**. (172)

Prüfmethode für Schülerinnen und Schüler: Mitsprechen
Schreibt ß, wenn ein scharfer (= stimmloser) s-Laut nach einem langen Vokal (auch au, ei, eu/äu) gesprochen wird.
Beispiele: fließen, Soße, aß, bloß.
Ausnahme: Wenn im Wortstamm ein p oder ein t folgt, steht s.
Beispiele: Meister, Husten, räuspern.

Wörter zum Mitsprechen 27

ÜA Übungsschwerpunkt: Wörter mit ß nach langem Vokal

Hinweis für die Schülerinnen und Schüler vor dem Diktat
Dieser Text enthält viele Wörter, die mit ß geschrieben werden.

Methodicher Hinweis: Für Schülerinnen und Schüler, die stimmhaftes und stimmloses s nicht unterscheiden können, bietet sich der Zugang über das Einprägen der ß-Wörter an.

Geisterbeschwörung
Draußen war es schon dunkel, als der junge Mann vom Kurierdienst die Villa betrat, wo er **auftragsgemäß** noch ein Päckchen abholen sollte. Der Kunde **ließ** den jungen Mann aber noch warten. Dieser beobachtete in der Zwischenzeit die restlichen Familienmitglieder, die um einen runden Tisch **saßen** und offenbar eine Geisterbeschwörung versuchten. Eine ältere Dame mit langem, **weißem** Haar **hieß** den jungen Mann willkommen und bat ihn als Gast und Helfer in die Runde. Er zögerte zuerst, **schließlich ließ** er sich aber doch überreden(,) den **Spaß** mitzumachen(,) und **vergaß** sogar für einen Moment seinen Auftrag. Die alte Dame beschwor wieder den Geist des **Urgroßvaters**. Alle Personen mussten die Augen **schließen**, berührten sich an den Fingerspitzen und murmelten die Worte der weisen Frau nach. Kräuter verbreiteten einen **süßlichen** Duft. Plötzlich wurde ein Fenster **aufgestoßen**(,) und der **Urgroßvater** setzte höchstpersönlich seinen **Fuß** ins Zimmer. (141) Der junge Mann wurde bleich vor Schreck und war drauf und dran **auszureißen**, als die Fernsehleute von der versteckten Kamera hervortraten(,) um ihn mit einem **großen Strauß** Rosen zu **begrüßen**. (171)

Mögliche Vorgaben: Kurier, Villa

Prüfmethode für Schülerinnen und Schüler: Mitsprechen
Schreibt ß, wenn ein scharfer (= stimmloser) s-Laut nach einem langen Vokal (auch au, ei, eu/äu) gesprochen wird.
Beispiele: fließen, Soße, aß, bloß.
Ausnahme: Wenn im Wortstamm ein p oder ein t folgt, steht s.
Beispiele: Meister, Husten, räuspern.

28 Wörter zum Mitsprechen

KG Übungsschwerpunkt: Gemischte Übung
Konsonantenhäufung, verdoppelte Konsonantenbuchstaben einschließlich ss, ck, tz, silbentrennendes h, ß, ie

Hinweis für die Schülerinnen und Schüler vor dem Diktat
Vieles könnt ihr richtig schreiben, wenn ihr die Wörter langsam und deutlich beim Schreiben mitsprecht: fal len mit ll, ge hen mit h, schließen mit ie und ß.

Aus Karins Tagebuch
Dienstag, 4. April
Ich hatte mich riesig auf diesen Tag gefreut. Unsere Reitgruppe war um vier Uhr verabredet. Wir wollten zusammen ausreiten. Wir putzten und sattelten die Pferde wie immer draußen im Hof. Hier schien warm die Sonne.
Als wir gerade aufsitzen wollten, kamen Spaziergänger mit einem großen Hund vorbei. Sie ließen das Tier ohne Leine laufen(,) und da passierte es. Der Hund lief auf die Pferde zu und bellte laut. Die Pferde wurden unruhig(,) und Charly spielte verrückt. Die wilden Hiebe seiner Hufe trafen zuerst mich und dann meine Freundin Petra. Sie fiel hin(,) und ihr blieb die Luft weg. Erst nach einigen Sekunden hielt sie sich den Rücken vor Schmerzen. Wir riefen sofort den Notarzt. Petra wurde ins Krankenhaus gebracht und untersucht. Zum Glück hatte sie keine schwere Verletzung. (135)
Ich vergaß mein aufgeschürftes Knie schnell, aber der Schreck und die Angst um Petra saßen mir noch lange in den Gliedern. (156)

Mögliche Vorgabe: Charly

Prüfmethode für Schülerinnen und Schüler: Mitsprechen
Wenn ihr langsam, deutlich und in Silben mitsprecht, könnt ihr feststellen,
- ob ihr alle Konsonantenbuchstaben hingeschrieben habt,
- wo Buchstaben für Konsonanten verdoppelt sind,
- wo ie stehen muss,
- wo ein h am Silbenanfang steht und
- wo ß stehen muss.

Wörter zum Mitsprechen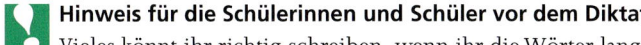

KA **Übungsschwerpunkt: Gemischte Übung**
Konsonantenhäufung, verdoppelte Konsonantenbuchstaben einschließlich ss, ck, tz, silbentrennendes h, ß, ie

Hinweis für die Schülerinnen und Schüler vor dem Diktat
Vieles könnt ihr richtig schreiben, wenn ihr die Wörter langsam und deutlich beim Schreiben mitsprecht: fal len mit ll, ge hen mit h, schließen mit ie und ß.

Lucy
Lucy ist bei ihren menschlichen Pflegeeltern aufgewachsen. Allein schon die Form ihrer Zunge und ihres Kinns macht Schimpansen unfähig(,) die menschliche Sprache zu lernen. So beschlossen ihre Pflegeeltern, Lucy regelmäßig zum Unterricht in der Gehörlosensprache zu schicken.
Das Schimpansenkind lernte rasch(,) die Zeichen zu verstehen und auch selbst zu benutzen. Mühelos verstand sie sogar kurze Sätze wie: „Erst Lucy Hände waschen, dann Lucy Banane." Zu Hause saß sie gerne in einem Sessel, blätterte in einer Zeitschrift und schien es zu genießen(,) die Fotos vorzulesen. Sie machte die Zeichen für Katze, für blau und für Wasser, je nachdem, was gerade zu sehen war. Gern schaltete sie auch den Fernseher ein und suchte mit der Fernbedienung die Programme durch, bis ihr etwas gefiel. (122)
Aber lange hielt sie das nicht aus. Dann sprang sie wieder auf(,) um auf die Bäume im Garten zu spähen, lief unruhig im Zimmer herum und machte die Zeichen für „Lucy" und „draußen klettern". (156)

Mögliche Vorgaben: Lucy, spähen

 Prüfmethode für Schülerinnen und Schüler: Mitsprechen
Wenn ihr langsam, deutlich und in Silben mitsprecht, könnt ihr feststellen,
- ob ihr alle Konsonantenbuchstaben hingeschrieben habt,
- wo Buchstaben für Konsonanten verdoppelt sind,
- wo ie stehen muss,
- wo ein h am Silbenanfang steht und
- wo ß stehen muss.

30 Wörter zum Ableiten

OG Übungsschwerpunkt: Schreibungen nach dem Stammprinzip
Auslautverhärtung bei b, d, g, s, Erhalt verdoppelter Konsonantenbuchstaben (mit ck, ss, tz) und von silbentrennendem h, ableitbares
ä, äu

Hinweis für die Schülerinnen und Schüler vor dem Diktat
Achtet auf alles, was ihr durch Ableiten von verwandten Wörtern klären könnt. Beispiele: gibt mit b, Wald mit d, trägst mit g und mit ä, Gras mit s, fällt mit ll und ä, geht mit h.

Seifenblasen
Ein **Kind bläst vorsichtig** auf die Seifenhaut, bis eine Blase davon**schwebt**. Der **Wind trägt** die Kugel fort, die im Sonnenlicht **schillernd** immer höher **steigt**, bis sie **schließlich zer-platzt**. **Vorausgesetzt**(,) das Rezept **stimmt**, kommen **geschickte Seifenbläser** zu **Rekord-ergebnissen**. Den besten **gelingt** es sogar, mehrere Menschen in einer Riesenblase einzu-schließen. Auch die Haltbarkeit der zarten **Häute** ist **unglaublich**: Bei **pfleglicher Behandlung** halten sie in einem **Glaskasten** bis zu einem Jahr. (69)
Seifenblasen sind mehr als ein **Kinderspielzeug**. **Grundlegende** Naturgesetze lassen sich an ihnen anschaulich studieren. So hat die Kugel beispielsweise die kleinste **Oberfläche**, die einen **bestimmten** Rauminhalt **umhüllt**. Und was **geschieht**, wenn viele Seifenblasen **zusammengedrückt** werden, wenn man etwa Seifenschaum zwischen zwei **Glasscheiben einsperrt**? Dann entstehen sechseckige Waben. Diese Form ist von den Bienenwaben her **bekannt**(,) und auch ein **Blick** durch ein Mikroskop auf ein pflanzliches **Zellgewebe zeigt** ein **verblüffend** ähnliches **Bild**. (141)
Selbst dem schwungvollen Dach des Münchener Olympiastadions **stand** eine Seifenhaut **Modell**. Der Architekt **nutzte** als **Vorbild** ein **Brett** mit **Stricknadeln** und **Fäden**, das er in Seifenlauge tauchte. (167)

Mögliche Vorgabe: Olympiastadion

Prüfmethode für Schülerinnen und Schüler: Ableiten
Manchmal kann man nicht hören, welchen Buchstaben man in einem Wort schreiben muss. Oft hilft dann Verlängern oder Ableiten von verwandten Wörtern weiter.
Beispiele: re**nn**t → re**n n**en, also mit zwei n.
laufen**d** → laufen**d**e, also mit d.
S**ä**tze → S**a**tz, also mit ä.
Sa**tz** → Sä**t z**e, also mit tz.
Ru**ck**sa**ck** → Rü**c k**en und Sä**c k**e, also in beiden Fällen ck.
ge**h**t → ge **h**en, also mit h.
Gla**s** → Glä **s**er, also mit s.

Wörter zum Ableiten   31

**TA Übungsschwerpunkt: Schreibungen nach dem Stammprinzip
Auslautverhärtung bei b, d, g, s, Erhalt verdoppelter Konsonantenbuchstaben (mit ck, ss, tz) und von silbentrennendem h, ableitbares ä, äu**

Hinweis für die Schülerinnen und Schüler vor dem Diktat
Achtet auf alles, was ihr durch Ableiten von verwandten Wörtern klären könnt. Beispiele: gibt mit b, Wald mit d, trägst mit g und mit ä, Gras mit s, fällt mit ll und ä, geht mit h.

Vom Stammprinzip
Oft wird **geklagt**, die deutsche Rechtschreibung sei besonders **schwierig**. Als **Grund** dafür wird meist **genannt**, dass der Zusammenhang zwischen Lauten und Buchstaben so **wenig eindeutig** sei. Was aber **geschieht**, wenn man **tatsächlich schreibt**, wie man spricht? **Erstklässler**, die so schreiben, bereiten ihren Eltern und Großeltern viel Vergnügen, aber sie verlangen ihnen auch viel **Geduld** ab. Denn was da **steht**, **lässt** sich nur langsam entziffern, und manchmal nur, indem man es **laut vorliest**.
Ein **geübter** Leser **liest** aber fast zehnmal schneller als er spricht. Das Wort **muss** vom Auge mit einem **Blick erkannt** werden. Da ist es ungemein **nützlich**, wenn nach dem **Stammprinzip** Wortbausteine, die zur selben Wortfamilie gehören, immer gleich geschrieben werden. So **kann** der **Wortsinn schnell erfasst** werden. (121)
In der Rechtschreibung **steckt** ein reicher **Schatz** an Lesehilfen. Ohne sie **müssten** wir alles laut lesen wie die Mönche im frühen Mittelalter. Damals **begann** man(,) auch in deutscher Sprache zu schreiben(,) und zuerst **schrieb** jeder, wie er es für **richtig** hielt, **nämlich** einigermaßen lautgetreu. Die **Entwicklung sinnvoller** und **verbindlicher Schreibregeln** war erst das **Ergebnis** eines **längeren** Umgangs mit der Schrift. (181)

Mögliche Vorgabe: Prinzip

Prüfmethode für Schülerinnen und Schüler: Ableiten
Manchmal kann man nicht hören, welchen Buchstaben man in einem Wort schreiben muss. Oft hilft dann Verlängern oder Ableiten von verwandten Wörtern weiter.
Beispiele: re**nn**t → ren **n**en, also mit zwei n.
laufen**d** → laufen**d**e, also mit d.
S**ä**tze → S**a**tz, also mit ä.
Sa**tz** → Sät **z**e, also mit tz.
Ru**ck**sack → Rü**c k**en und Sä**c k**e, also in beiden Fällen ck.
ge**h**t → ge **h**en, also mit h.
Gla**s** → Glä **s**er, also mit s.

32 Wörter zum Ableiten

ÜG Übungsschwerpunkt: Ableitbares ä, äu

Hinweis für die Schülerinnen und Schüler vor dem Diktat
Achtet darauf, ob e oder ä, eu oder äu geschrieben werden muss. Oft lässt sich dies durch Ableiten von verwandten Wörtern klären.

Gut beratene Käufer
Mit leeren **Händen verlässt** Karin das **Geschäft**. Sie hat Freunde gefragt und fast alle **Warenhäuser** in der **Nähe durchkämmt**, aber immer noch keine Entscheidung getroffen. Auf den riesigen **Verkaufsflächen überwältigte** sie das **vielfältige** und **glänzende** Angebot. Bei **gedämpfter** Musik ließ sie sich von **lächelnden Verkäufern** die Vorzüge einzelner Angebote **erklären**. Karin hat schon **längere** Zeit für eine neue Musikanlage gespart. Noch hat sie ihre guten **Vorsätze** nicht aufgegeben. Sie will sich **sorgfältig** informieren und erst dann einen Kauf **tätigen**. Aber jetzt schwirrt ihr nur der Kopf(,) und es **fällt** ihr schwer(,) eine **sachgemäße** Entscheidung zu treffen. (99)
Da **fällt** ihr ein, was ihre Tante **erzählt** hatte. Vor dem Kauf ihres neuen Kühlschranks hatte sie sich bei der Verbraucherberatung die entscheidenden Informationen über **Kühlschränke** besorgt. Karin beschließt(,) in den **nächsten** Tagen die Verbraucherberatung aufzusuchen und sich dort fachkundig und neutral beraten zu lassen.
Übrigens: Wo gibt es bei euch die **nächste** Beratungsstelle? (153)

Mögliche Vorgaben: überwältigt, gedämpft (schwer ableitbar)

Prüfmethode für Schülerinnen und Schüler: Ableiten
Schreibt ä oder äu, wenn sich das Wort von einem verwandten mit a oder au ableiten lässt.
Beispiele: er l**ä**sst → l**a**ssen, also schreibt man ä.
B**äu**me → B**au**m, also schreibt man äu.

Wörter zum Ableiten — 33

ÜA **Übungsschwerpunkt: Ableitbares ä, äu**

 Hinweis für die Schülerinnen und Schüler vor dem Diktat
Achtet darauf, ob e oder ä, ob eu oder äu geschrieben werden muss. Oft lässt sich dies durch Ableiten von verwandten Wörtern klären.

Läufer am Fallschirm
Wenn ein Kurzstrecken**läufer** für Wett**kämpfe** trainiert, reicht es nicht(,) einfach nur viel zu laufen. Eine ganze Gruppe von Trainern und **Sportärzten berät** den Leistungssportler bei Trainings-, **Ernährungs-** und Gesundheitsfragen. Ein spezielles Krafttraining **stählt** die Muskeln(,) und Lockerungsübungen beugen **Krämpfen** vor. Außerdem wird versucht(,) die **Länge** der Schritte und die Schritt**häufigkeit** zu erhöhen und so die Schnelligkeit des Sprinters zu steigern. Dazu gibt es eine **äußerst** wirkungsvolle Partnerübung. Der Sprinter **läuft** gegen den Widerstand des Partners, der den **Läufer zunächst zurückhält** und dem **Läufer verstärkte** Anstrengungen abverlangt. Wenn er dann plötzlich **loslässt**, prescht der Sprinter in langen **Sätzen** davon. (101)
Unlängst wurde ein Gerät entwickelt, mit dem das **tägliche** Training nun auch ohne Helfer möglich ist. Der **Läufer** legt einen kleinen Fallschirm an, gegen dessen **zusätzlichen** Widerstand er **ankämpft**. Die **Schrittlänge wächst** deutlich(,) und der Sprinter schießt davon, sobald er den Fallschirm ausklinkt. (144)

Mögliche Vorgaben: trainieren, Gerät (schwer ableitbar)

 Prüfmethode für Schülerinnen und Schüler: Ableiten
Schreibt ä oder äu, wenn sich das Wort von einem verwandten mit a oder au ableiten lässt.
Beispiele: er l**ä**sst → l**a**ssen, also schreibt man ä.
B**äu**me → B**au**m, also schreibt man äu.
Wo sich kein solcher Verwandter finden lässt, schreibt man meistens e oder eu.
Beispiele: Hemd, spenden, Eule, heulen.

34 | Wörter zum Ableiten

ÜG Übungsschwerpunkt: Auslautverhärtung bei b, d, g

Hinweis für die Schülerinnen und Schüler vor dem Diktat
In diesem Text könnt ihr durch Ableiten klären, ob b, d oder g am Ende eines Wortes oder einer Silbe steht, obwohl man p, t oder k hört. Beispiel: du gibst → geben.

Echte und falsche Korallenschlangen
In den Wüsten **Nord**amerikas leben einige **auffallend** bunt **gefärbte** Schlangenarten, die Korallenschlangen. Ihre Haut **trägt unterschiedliche** Muster aus schwarzen, roten, blauen und **gelbweißen** Ringeln. Die **Farbgebung erlaubt** aber **selbst** dem Fachmann nicht(,) die echten, tödlich giftigen Korallenschlangen von den harmlosen, falschen zu unterscheiden. Warum sind die Tiere so **auffällig**(,) und welchen **Grund gibt** es für die äußere Ähnlichkeit der sonst so **unterschiedlichen** Arten?
Eine Warntracht kennt man auch von anderen giftigen Tieren(,) und es ist **vielfältig belegt**, dass Warnsignale **abschreckend** auf mögliche Fressfeinde wirken. **Schützend** wirkt sich die gleiche Warnfarbe aber auch für die falschen Korallenschlangen aus, die in derselben **Gegend** leben. Ein **Feind** bemerkt den **Betrug** nicht und wird es nicht auf eine **unliebsame Begegnung** ankommen lassen. (122)
Man hat sich **gefragt**, wie denn ein **Feind** überhaupt lernen kann, wie eine giftige Korallenschlange aussieht, wo er doch **stirbt, sobald** er gebissen **wird**. Man **glaubt** heute, dass die Warntracht auf bestimmte falsche Korallenschlangen zurückgeht, die nur **wenig giftig**, dafür aber sehr **beißwütig** sind. (166)

Mögliche Vorgabe: tödlich

Prüfmethode für Schülerinnen und Schüler: Ableiten
Am Silbenende hört ihr keinen Unterschied zwischen b und p, zwischen d und t und zwischen g und k. Helft euch durch Ableiten.
Beispiele: er tru**g** → wir tru**g**en, also mit g am Ende (nicht mit k).
du trä**g**st → tra**g**en.
ihr schrei**b**t → schrei**b**en, also mit b.
bedeuten**d** → bedeuten**d**e, wo man das d hört.
aber: gelen**k**t → len**k**en, hier schreibt man also k.

Wörter zum Ableiten

ÜA Übungsschwerpunkt: Auslautverhärtung bei b, d, g

Hinweis für die Schülerinnen und Schüler vor dem Diktat
Am Wort- oder Silbenende hört ihr keinen Unterschied zwischen b und p, zwischen d und t und zwischen g und k.
Helft euch durch Ableiten. Beispiel: er trug → trugen, also mit g am Ende (nicht mit k).

Nelson Mandela – Hoffnung für Südafrika
In einer **ländlichen Gegend Südafrikas** wurde Nelson Mandela 1918 als **Mitglied** einer **königlichen** Familie geboren. Bereits früh setzte sich der junge Mann für das Wohl seines Volkes ein. Als Rechtsanwalt in der Hauptstadt **Johannesburg verteidigte** Mandela Schwarze vor Gericht. Sie waren oft zu Unrecht **angeklagt**, denn in Südafrika unterdrückte eine Minderheit von weißen **Siedlern** die Mehrheit der schwarzen Bevölkerung. Neben seiner **erfolgreichen Tätigkeit** am Gericht kämpfte Mandela für die politischen Rechte der Schwarzen. Die Regierung befürchtete einen **Aufstand** und **verfolgte** Mandela, der in den **Untergrund** abtauchte. **Bald** aber fasste ihn die Geheimpolizei. Fast **dreißig** Jahre verbrachte Mandela auf der gefürchteten Gefängnisinsel Robben Island(,) ohne sich brechen zu lassen. (114)
Als 1990 die Zustände im **Land** unhaltbar wurden, war die Freilassung Mandelas der einzige **Ausweg**. Das Volk feierte ihn begeistert. Er **hegte** keine Rachepläne gegen die Weißen, sondern nahm mit viel **Verständnis** für alle **Beteiligten** politische Gespräche auf. In den ersten freien Wahlen **siegte** Mandela klar und setzte sich als Präsident für die Versöhnung der Volksgruppen ein. (171)
Mit **achtzig** Jahren **zog** er sich aus der Politik zurück in sein Heimatdorf, wo der Rat der Ältesten immer noch **gefragt** ist. (193)

Mögliche Vorgaben: Nelson Mandela, Johannesburg, Robben Island (Namen), Wohl, Präsident, Versöhnung

Prüfmethode für Schülerinnen und Schüler: Ableiten
Oft kommt es vor, dass man p, t oder k hört, aber b, d oder g schreiben muss. In den meisten Fällen könnt ihr durch Ableiten entscheiden, welche Schreibung die richtige ist.
Beispiele: ihr schrei**b**t → schrei**b**en, also mit b.
bedeuten**d** → bedeuten**d**e, hier hört man das d, also mit d.
er kla**g**t → kla**g**en, also mit g.
Aber: gelen**k**t → len**k**en, hier hört man das k, also mit k.

36 Wörter zum Ableiten

ÜG Strategie: Ableiten
Übungsschwerpunkt: Auslautverhärtung bei b, d, g, s

Hinweis für die Schülerinnen und Schüler vor dem Diktat
Am Wort- oder Silbenende hört ihr keinen Unterschied zwischen b und p, zwischen d und t, zwischen g und k und zwischen s und ss oder ß. Helft euch durch Ableiten.
Beispiele: er reist → reisen, also mit s.
er reißt → reißen, also mit ß.

Keiner bleibt durstig
Die Industrie **wirbt laufend** für neue Getränke. Ein solcher Wundertrank löscht **zuverlässig** den Durst, **gibt** frischen Schwung, schmeckt **vorzüglich** und ist natürlich **unglaublich gesund**. Da sollte man doch **endlich** zugreifen und **ruhig** einen Euro mehr ausgeben!
Doch was ist drin in und dran an der **edlen Flüssigkeit**? Die Liste der Zutaten **gibt** das Geheimnis **preis**. Wasser ist der **wichtigste Bestandteil**. Es löscht den Durst. Zucker schmeckt schön **süß**, **gelangt** schnell ins Blut, **gibt** Energie für anstrengende **Tätigkeiten**, macht aber dick, wenn sich **jemand** nur **wenig bewegt**. **Zugefügte** Aromastoffe runden das **Geschmackserlebnis** ab.
Dann **liest** man noch viel über Vitamine und Mineralsalze, die **lebenswichtig** sind. Nur im Übermaß genossen können sie zu Krämpfen oder **Kreislaufzusammenbrüchen** führen.
Aufmunternd wirkt der Zusatz von Drogen. Kokain (Cocain) ist nicht mehr **erlaubt**, wohl aber K(C)offein. (132)
Übrigens: Ein absolut **unschlagbares** Energiegetränk, drogenfrei und mit natürlichem Aroma, ist die gute, alte Apfelsaftschorle. (147)

Mögliche Vorgaben: Geheimnis (trotz Geheimnisse), Vitamine, Kokain (Cocain), Koffein (Coffein), absolut

Prüfmethode für Schülerinnen und Schüler: Ableiten
Oft kommt es vor, dass man besonders an den Wortenden p, t, k oder ein stimmloses s (ß) hört, aber b, d, g oder s schreibt. In den meisten Fällen könnt ihr durch Ableiten entscheiden, welche Schreibung die richtige ist.
Beispiele: ihr schreib**t** → schreib**en**, also mit b.
bedeuten**d** → bedeuten**de**, hier hört man das d, also mit d.
er kla**gt** → kla**gen**, also mit g.
er lie**st** → le**sen**, also mit s.
Aber: gelen**kt** → len**ken**, hier hört man das k, also mit k.
es gie**ßt** → gie**ßen**, also mit ß.

Wörter zum Ableiten 37

ÜG **Übungsschwerpunkt: Auslautverhärtung bei s, ableitbare s, ss, auch ß**

Hinweis für die Schülerinnen und Schüler vor dem Diktat
Achtet darauf, ob der s-Laut als s, ß oder ss geschrieben wird.

Wer wird Kreismeister?
Wer wird **Kreismeister**? Diese Frage wollten die Fußballer unserer C-Jugend am vergangenen Samstag für sich entscheiden. Zu dem Auswärtsspiel gegen Strossingen waren viele unserer Eltern und Freunde aus Marsburg **angereist**. Bereits kurz nach dem Anpfiff gelang den Marsburgern ein fester **Schuss** aufs Tor, aber leider nur gegen den Pfosten. Erst in der dreißigsten Minute **schoss** unser Linksaußen nach einem Freistoß das verdiente erste Tor. Nach der Halbzeit und dem Ausgleichstreffer **riss** Strossingen das Spiel herum. Als die Gastgeber schließlich das 2:1 erzielten und die Schiedsrichterin ganz berechtigt einen unserer Spieler vom Platz **verwies**, schien fast alles verloren. Obwohl es auf dem Platz außerordentlich heiß war, ließ der **Kampfgeist** unserer Fußballer nicht nach. Zwei schweißtriefende Spieler wurden nun ausgewechselt, damit auch die Ersatzspieler einen **Beweis** ihrer Spielkunst liefern konnten. Und schon kam einer von ihnen durch einen sauberen **Pass** an den Ball, **löste** sich aus dem Mittelfeld, **raste** in einem unglaublichen Sprint davon und konnte ein unhaltbares Tor schießen. (161)
Und dann ließ auch der entscheidende Treffer zum Sieg nicht mehr lange auf sich warten. Bis zum **Schluss** begeisterten beide Mannschaften die Zuschauer durch ein mitreißendes Spiel. (188)

Mögliche Vorgaben: C-Jugend, Marsburg, Strossingen

Prüfmethoden für Schülerinnen und Schüler: Mitsprechen, Ableiten, Einprägen
Mitsprechen
reisen: weicher, stimmhafter s-Laut → s.
reißen, Fuß: scharfer, stimmloser s-Laut nach langem Vokal oder au, ei, eu/äu → ß (Ausnahme: aus).
fas sen: s beschließt die erste und eröffnet die zweite Silbe → ss.
Ableiten
das Gleis, sie reiste: mit s wegen Gleise, reisen.
Fuß (auch durch Ableiten überprüfbar): Füße → ß.
er lässt, Fluss: ss wegen las sen, Flüs se (Ausnahme: -nis trotz Ergebnis se).
Einprägen
Wenn im Wortstamm ein p oder ein t folgt, steht s: Meister, Husten, räuspern.
In allen anderen Fällen schreibt man s. Beispiele: Erbse, bis.

38 Wörter zum Ableiten

ÜA Übungsschwerpunkt: Auslautverhärtung bei s, ableitbare s, ss, auch ß

Hinweis für die Schülerinnen und Schüler vor dem Diktat
Achtet darauf, ob der s-Laut als s, ß oder ss geschrieben wird.

Süße Klöße
Kocht ihr manchmal zusammen? Viel Spaß und guten Appetit mit diesem Rezept: Einen halben Liter Milch erhitzt man mit einer halben Tasse Öl, fünf **Esslöffeln** Zucker und etwas geriebener Zitronenschale. Wenn die Milch zu kochen beginnt, gießt man 200 g Grieß hinein und rührt so lange, bis sich der Teig kloßartig zusammenballt und vom Topfboden **löst**. Ein Ei wird in die noch heiße Masse gerührt.
In einem zweiten, hohen Topf **lässt** man Wasser mit etwas Salz aufkochen.
Ist der Grieß abgekühlt, werden noch zwei Eier gut untergerührt. Mit nassen Händen werden nicht zu große Klöße geformt, in das kochende Wasser gegeben und etwa 15 Minuten gegart.
Ganz fleißige Köche arbeiten schon vor dem Garen in Butter geröstete Weißbrotwürfel in die Klöße ein. Zu den Klößen **isst** man **Apfelmus** oder Backobst. Freunde der Naturkost schwärmen für eine heiße Soße aus Himbeeren oder Brombeeren. (144)
Auch in salziger Form kann man die Grießklöße genießen, zum Beispiel mit Tomatensoße. Anstelle von Zucker und Zitronenschale gibt man dann Pfeffer, Muskat, Kräuter und Käse in den Teig. Dazu **passt** gut ein frischer Salat. (179)

Mögliche Vorgaben: Liter, Mus, Appetit, Muskat

Prüfmethoden für Schülerinnen und Schüler: Mitsprechen, Ableiten, Einprägen
Mitsprechen
reisen: weicher, stimmhafter s-Laut → s.
reißen, Fuß: scharfer, stimmloser s-Laut nach langem Vokal oder au, ei, eu/äu → ß (Ausnahme: aus).
fas sen: s beschließt die erste und eröffnet die zweite Silbe → ss.
Ableiten
das Gleis, sie reiste: mit s wegen Gleise, reisen.
Fuß (auch durch Ableiten überprüfbar): Füße → ß.
er lässt, Fluss: ss wegen las sen, Flüs se (Ausnahme: -nis trotz Ergebnis se).
Einprägen
Wenn im Wortstamm ein p oder ein t folgt, steht s: Meister, Husten, räuspern.
In allen anderen Fällen schreibt man s. Beispiele: Erbse, bis.

Wörter zum Ableiten — 39

ÜG Übungsschwerpunkt: Erhalt von verdoppelten Konsonantenbuchstaben einschließlich ss, ck, tz

Hinweis für die Schülerinnen und Schüler vor dem Diktat
Achtet auf verdoppelte Buchstaben für Konsonanten wie in „kommt" oder „Ballspiel".
Achtet auch auf ck und tz.

Der Kuckuck im Ameisenhaufen
Ein Heer von gut **bewaffneten** Soldatinnen **schützt** die Eingänge zum Nesthügel der Waldameisen. Ungebetene Gäste gibt es viele, denn der Tisch ist in den Brutkammern immer reich **gedeckt**. Wer es **schafft**, sich in dem trockenen und warmen **Plätzchen** einzurichten, **bekommt** das Futter durch fleißige Arbeiterinnen frei Haus geliefert.
Ausschließlich von den Ameisen versorgen **lässt** sich der Kurzflügelkäfer, der die Ameisen mit einem Trick überrumpelt. Er scheidet einen **Duftstoff** aus, an dem eine Ameise normalerweise die eigenen Larven **erkennt**. So wird der Käfer von einer Arbeiterin **gepackt** und in eine Brutkammer **geschleppt**. Die Käfer leben dort wie die Made im **Speck**, paaren sich, legen Eier(,) und ihre Larven duften wiederum nach Ameise. (115)
Sie werden von den Arbeiterinnen gefüttert, **geputzt** und **beschützt**. **Kommt** eine Ameise **prall gefüllt** mit Futterbrei an, so bettelt die Käferlarve so lange, bis die Ameise den Brei ausstößt und die Larve ihn **aufleckt**. Später **frisst** sie Larven und Puppen der Ameisen, bis sie **dick** und **fett** ist. (163)

Mögliche Vorgaben: Heer, Larve, paaren

Prüfmethode für Schülerinnen und Schüler: Ableiten
Verdoppelte Buchstaben für Konsonanten erkennt ihr beim Mitsprechen. Bei Wortformen wie „kommt" oder „schnell" könnt ihr von verwandten Wörtern ableiten („kom men", „schnel ler").
geöffnet → of fen
nass → nas se
Dreck → drec kig
Trotz → trot zig

40 Wörter zum Ableiten

ÜA Übungsschwerpunkt: Erhalt von verdoppelten Konsonantenbuchstaben einschließlich ss, ck, tz

Hinweis für die Schülerinnen und Schüler vor dem Diktat
Achtet auf verdoppelte Buchstaben für Konsonanten wie in „kommt" oder „Ballspiel". Achtet auch auf ck und tz.

Gold und Quecksilber am Amazonas
Ein Heer von Goldsuchern **rückt** immer tiefer in den Urwald am Amazonas vor und **kratzt** mit Schaufeln und kleinen Baggern **hässliche**, kaum heilende Wunden in die Landschaft. Bei jedem **Regenguss** versinken die **halbnackten** Männer knietief im **Dreck**. Ihre **Wellblechhütten** bieten kaum **Schutz** vor Regen und Stechmücken. Aber mit etwas **Glück** haben sie einen **Platz abgesteckt**, wo sich aus der roten Erde feiner Goldstaub herauswaschen **lässt**. Mancher **besitzt** sogar eine einfache Waschanlage, die über eine Dieselpumpe mit goldhaltigem **Schlamm** aus einem **Flussbett beschickt** wird.
Durch den **Einsatz** von Quecksilber beim Waschen **lässt** sich die Ausbeute erheblich steigern. Aber das Quecksilber ist hochgiftig und verseucht Flüsse, Fische und Menschen. Daher ist sein **Einsatz gesetzlich** verboten, was aber kaum einen Goldwäscher **abschreckt**(,) das **nützliche Schwermetall** zu verwenden. (129)
Es sind keine **Glücksritter**, die der Goldrausch an die Nebenflüsse des Amazonas **lockt**. Nur aus blanker Not und nach **Missernten setzt** mancher Landarbeiter aus dem armen Nordosten Brasiliens seine **letzte Hoffnung** auf das Gold. Reich wird dabei aber kaum einer. (169)

Mögliche Vorgaben: Heer, Quecksilber, Amazonas, Brasilien

Prüfmethode für Schülerinnen und Schüler: Ableiten
Verdoppelte Buchstaben für Konsonanten erkennt ihr beim Mitsprechen. Bei Wortformen wie „kommt" oder „schnell" könnt ihr von verwandten Wörtern ableiten („kom men", „schnel ler").
geöffnet → of fen
nass → nas se
Dreck → drec kig
Trotz → trot zig

Wörter zum Ableiten

ÜG Übungsschwerpunkt: Erhalt von silbentrennendem h einschließlich ieh

 Hinweis für die Schülerinnen und Schüler vor dem Diktat
Achtet auf Wörter wie „früh" oder „geht", in denen ein h stehen muss, weil sich diese Wörter von „frü her" bzw. „ge hen" ableiten lassen. Dort ist das h am Anfang einer Silbe hörbar zu machen.

Kartentrick: Einer steht Wache
Die vier Spitzbuben aus einem Kartenspiel brechen in ein Warenhaus ein. Man lege sie verdeckt auf den Kartenstapel, der das Kaufhaus darstellt. Der oberste Räuber **geht** in die Schmuckabteilung im Erdgeschoss. Dazu stecke man ihn unten in den Stapel. Der zweite Räuber wird in die Mitte gesteckt und **müht** sich mit den Elektrogeräten ab. Der dritte raubt im obersten Stock CDs. Der jüngste Räuber **steht** auf dem Dach Wache und **späht** aufmerksam umher, ob Gefahr **droht**. Man **dreht** ihn für die Zuschauer ruhig noch einmal um. Das **erhöht** das Vertrauen, denn jeder glaubt, was er **sieht**.
Nun **geschieht**, was geschehen musste. Die Polizei **naht**. Der Wächter pfeift laut. Augenblicklich **flieht** die gesamte Räuberbande über das Dach und ist **heilfroh** wegzukommen. Die Zuschauer sind verblüfft, wenn man ihnen die vier Buben oben auf dem Stapel in **Reih** und Glied aufdeckt, ohne dass man eine Karte von unten **hervorzieht**. (151)
Nur die besten Freunde werden in den Trick **eingeweiht**: Vor der Vorführung wurden die vier Buben heimlich oben hingelegt und mit drei Extrakarten abgedeckt. (175)

Mögliche Vorgaben: Gerät, CDs

 Prüfmethode für Schülerinnen und Schüler: Ableiten
Überprüft, wo ein h stehen muss. Sucht ein verwandtes Wort, in dem das h die beiden Sprechsilben trennt.
Beispiele: steht → ste hen
Nähnadel → nä hen

42 | Wörter zum Ableiten

ÜG Übungsschwerpunkt: Häufige Wortbausteine
ab-, ent-, miss-, ver-, vor-, weg-

Hinweis für die Schülerinnen und Schüler vor dem Diktat
Beachtet die häufigen Wortbausteine ab-, ent-, miss-, ver-, vor- und weg-. Sie werden immer gleich geschrieben.

Sonnengereift und handverlesen
Heute ist Orangensaft als **verbreitetes** Alltagsgetränk kaum **wegzudenken** und wird oft gegenüber heimischen Fruchtsäften **bevorzugt**.
International tätige Firmen haben **Verfahren entwickelt**(,) den goldenen Saft preisgünstig herzustellen, zu transportieren und zu **vermarkten**. Allein für den deutschen **Verbrauch** wachsen in Brasilien Orangen auf einer Fläche, die der Größe von ganz Hessen **entspricht**. So weit das Auge reicht, erstrecken sich die Reihen der Apfelsinenbäumchen über die sanften Hügel.
In glühender Hitze ernten t(T)ausende fleißiger Hände die reifen Früchte. Die Pflücker werden zwar schlecht **entlohnt**, aber sie sind zumeist froh(,) überhaupt Arbeit zu haben. Viele Familien sind auch von der Mitarbeit der Kinder **abhängig**. Die Werbung allerdings kennt keine **Missstände**, sondern schwärmt uns nur von den sonnengereiften und **handverlesenen** Früchten vor. (120)
Für den Transport wird die Menge des gepressten Saftes **verringert**, indem man das meiste Wasser aus dem Saft **verdampft**. Das Saftkonzentrat wird in riesigen Tankern **verschifft**. In Europa **verdünnt** man es wieder mit Wasser, füllt es **ab** und **verteilt** es auf die Getränkemärkte. (163)

Mögliche Vorgaben: Orange, international, Apfelsine

Prüfmethode für Schülerinnen und Schüler: Wortbausteine erkennen
Markiert die Wortbausteine: ab-, ent-, miss-, ver-, vor-, weg-.
Diese Wortbausteine kommen immer wieder vor und werden immer gleich geschrieben.
Ihr findet sie oft als Vorsilben, manchmal aber auch abgetrennt vom dazugehörigen Verb oder in ein Wort eingebaut.
Beispiele: **ab**hängen → hängt ... **ab**
Aus**ver**kauf

Wörter zum Ableiten 43

ÜA Übungsschwerpunkt: Häufige Wortbausteine
ab-, ent-, miss-, statt-, ver-, vor-

 Hinweis für die Schülerinnen und Schüler vor dem Diktat
Beachtet die häufigen Wortbausteine ab-, ent-, miss-, statt-, ver- und vor-. Sie werden immer gleich geschrieben.

Bis an die Grenzwerte
Wenn große Sportereignisse **stattfinden**, kocht regelmäßig die Diskussion um das Doping im Sport hoch. Die **stattlichen** Muskelpakete der Herren erregen ebenso **Misstrauen** wie die kantigen Gesichtszüge der Damen. Oft ist der **Verdacht** nicht unbegründet. Immer wieder werden Sünder **entdeckt**, müssen ihre Medaillen **abgeben** oder sich ganz aus dem Spitzensport **verabschieden**.
Und die anderen, die **unentdeckt** bleiben? Kenner behaupten, bei internationalen Wettkämpfen hätte keiner, der sich Hoffnungen auf Erfolge machen kann, eine saubere Weste **vorzuweisen**. Schon das **vorbereitende** Training sei ohne Doping gar nicht zu schaffen. Männliche Hormone bauen Muskeln auf, Medikamente unterdrücken Schmerzen und putschen auf. Regelmäßig werde bis an die Grenzwerte gedopt. Sportmediziner geben ihren Schützlingen gerade so viel der **verbotenen** Mittel, dass ein **Missbrauch** nur nachweisbar wird, wenn Fehler passieren. Es findet ein regelrechter Wettlauf zwischen **verfeinerten Nachweisverfahren** und der **Entwicklung** neuer **Dopingverfahren** (Doping-**Verfahren**) **statt**. Auf die Gesundheit der Sportler wird dabei oft wenig Rücksicht genommen. (152)
Sportler, die das kritisieren, gelten **entweder** als Nestbeschmutzer oder als besonders mutig. Jedenfalls gelten sie nicht mehr als Favoriten. (171)

Mögliche Vorgaben: Doping, Medaillen, international, Training, Favoriten

 Prüfmethode für Schülerinnen und Schüler: Wortbausteine erkennen
Markiert die Wortbausteine: ab-, ent-, miss-, statt-, ver-, vor-.
Diese Wortbausteine kommen immer wieder vor und werden immer gleich geschrieben. Ihr findet sie oft als Vorsilben, manchmal aber auch abgetrennt vom dazugehörigen Verb oder in ein Wort eingebaut.
Beispiele: **ab**hängen → hängt ... **ab**
Aus**ver**kauf

44 Wörter zum Ableiten

KG Übungsschwerpunkt: Schreibungen nach dem Stammprinzip und häufige Wortbausteine

Hinweis für die Schülerinnen und Schüler vor dem Diktat
Achtet auf alles, was ihr durch Ableiten von verwandten Wörtern klären könnt. Beispiele: gibt mit b, Wald mit d, trägst mit g und mit ä, Gras mit s, fällt mit ll und ä, geht mit h.

Tödlicher Biss
Geschützt in einem **Erdloch** oder unter einem Steinhaufen(,) lauert die Klapperschlange auf Beute. **Kommt** eine **Maus**, ein Kaninchen oder ein anderes warmblütiges Tier vorbei, **nimmt** die Schlange die **Körperwärme** des Tieres wahr. Ihr Grubenorgan zwischen Nase und Auge **erkennt selbst** feinste Temperaturunterschiede. **Blitzartig schnellt** die Schlange aus ihrem **Versteck** hervor, **trifft** zielsicher, **spritzt** mit einem **Biss** das **tödliche** Gift in die Beute und **zieht** sich wieder **zurück**.
Das **verletzte** Tier **springt** durch das hohe **Gras** und **Gestrüpp** davon, bis es irgendwo tot zusammenbricht. Die Schlange **verfolgt** das Opfer in einiger Entfernung. Sie **streckt** ihre gespaltene Zunge immer wieder heraus, **nimmt** damit Duftstoffe vom Boden auf und **steckt** dann die Zungenspitzen in ein besonderes Organ im Maul, mit dem sie prüft, ob die Fährte noch nach Beute **schmeckt**. Ist das Opfer **endlich** erreicht, **packt** die Schlange es und **würgt** es mit Haut und Haar hinunter. (146)
Dabei werden die Kiefer ausgerenkt, damit die Beute durch den **Schlund passt**. So **verschluckt** die Schlange sogar ein ganzes Kaninchen. (166)

Mögliche Vorgaben: Kaninchen, wahrnehmen, Fährte

Prüfmethode für Schülerinnen und Schüler: Ableiten
Manchmal kann man nicht hören, welchen Buchstaben man in einem Wort schreiben muss. Oft hilft dann Verlängern oder Ableiten von verwandten Wörtern weiter.
Beispiele: re**nn**t → re**n n**en, also mit zwei n.
laufen**d** → laufen**d**e, also mit d.
S**ä**tze → S**a**tz, also mit ä.
Sa**tz** → Sät **z**e, also mit tz.
Ru**ck**sack → Rü**c k**en und Sä**c k**e, also in beiden Fällen ck.
ge**h**t → ge **h**en, also mit h.
Gla**s** → Glä**s**er, also mit s.

Wörter zum Ableiten 45

KG Übungsschwerpunkt: Schreibungen nach dem Stammprinzip und häufige Wortbausteine

Hinweis für die Schülerinnen und Schüler vor dem Diktat
Achtet auf alles, was ihr durch Ableiten von verwandten Wörtern klären könnt. Beispiele: gibt mit b, Wald mit d, trägst mit g und mit ä, Gras mit s, fällt mit ll und ä, geht mit h.

Gefährlicher Bergsport?
An die hundert **tödliche Unfälle beklagt** der **Bergsport** jedes Jahr allein in den Alpen(,) und die Zahl der Opfer **steigt laufend. Gibt** es dafür eine **Erklärung**?
Antwort eines **Bergsteigers**: Ein **Grund liegt** natürlich schon in der großen Zahl von Menschen, die dem **Alltag** entfliehen wollen und das **Naturerlebnis** im Gebirge suchen. Die **Bergsportler** sind heute zwar bestens ausgerüstet und meist auch gut durchtrainiert. Über Lifte, markierte Wege und **Schutzhütten gelangt** man aber **mühelos bis** in viel größere Höhen als früher. Wer dann **glaubt**, er könne die Natur jederzeit und an jedem Ort bezwingen, **erliegt** einem **gefährlichen Trugschluss**.
Die Natur ist kein Sportgerät. Das Wetter **schlägt** oft **blitzschnell** um, **Kälte** und **Nässe**, eisiger **Wind** und rasender Sturm **gefährden** den Menschen, kleine **Bäche** verwandeln sich in reißende Fluten, **Steinschlag bedroht** den besten Kletterer. (133)
Und gerade der **Anfänger schätzt** oft die eigenen **Kräfte** falsch ein. Der moderne Mensch kann in seinem **Alltag** keinen **Sinn** für die Gefahren der **Bergwelt** entwickeln, er **weiß** nicht, dass Angst **lebensrettend** sein **kann**, wenn sie einen **ungefährlichen Weg weist** (172)

Mögliche Vorgaben: trainiert, Gerät

Prüfmethode für Schülerinnen und Schüler: Ableiten
Manchmal kann man nicht hören, welchen Buchstaben man in einem Wort schreiben muss. Oft hilft dann Verlängern oder Ableiten von verwandten Wörtern weiter.
Beispiele: re**nn**t → ren **n**en, also mit zwei n.
laufen**d** → laufen**d**e, also mit d.
S**ä**tze → S**a**tz, also mit ä.
Sa**tz** → Sät **z**e, also mit tz.
Ru**ck**sack → Rü**c** ken und Sä**c k**e, also in beiden Fällen ck.
geh**t** → ge **h**en, also mit h.
Gla**s** → Glä**s**er, also mit s.

46 Wörter zum Ableiten

KA Übungsschwerpunkt: Schreibungen nach dem Stammprinzip und häufige Wortbausteine

Hinweis für die Schülerinnen und Schüler vor dem Diktat
Achtet auf alles, was ihr durch Ableiten von verwandten Wörtern klären könnt. Beispiele: gibt mit b, Wald mit d, trägst mit g und mit ä, Gras mit s, fällt mit ll und ä, geht mit h.

Kartentrick: Treibjagd
Der **König** hat zu einer **vergnüglichen Treibjagd** in **Wald** und **Feld** geladen. Dazu sortiert man alle Könige, Damen sowie die Buben, jeder mit seinem **Hund**, dem **Ass**, aus einem Kartenspiel aus. Sie bilden die **Jagdgesellschaft**.
Da **zieht** ein **schreckliches** Unwetter auf. Die Damen flüchten sich in ein Gasthaus in der **Nähe**. Jede **belegt** ein Zimmer. Dazu verteilt man die Damen **verdeckt** auf vier **Plätze**. Da das Unwetter nicht **nachlässt**, suchen die Könige, die Treiber und die Hunde bei ihren jeweiligen Damen **Schutz**. Ihre Karten werden verdeckt **dazugelegt**.
Der Wirt ist **entsetzt** über so viel Unmoral. Er **lässt** die Polizei kommen, die in den Zimmern **nachsieht**. Doch sie **beruhigt** ihn. Er **muss** sich **getäuscht** haben. Könige, Damen, Buben und Hunde sitzen ordentlich in **getrennten Stübchen**! (126)
Zum **Beweis nimmt** man die vier Stapel in die **Hand**, **legt** die Karten einzeln reihum wieder auf die vier Plätze aus und **deckt** sie auf. Jetzt sind alle Damen auf einem Platz und ebenso die Könige, die Buben und die Asse. (168)
Endlich ist die Polizei weg. Die vier Stapel werden erneut aufgenommen und auf die vier **Plätze** verteilt. Als der **misstrauische** Wirt nochmals in die Stuben **blickt**, **trifft** ihn fast der **Schlag**. (199)

Mögliche Vorgabe: Jagd

Prüfmethode für Schülerinnen und Schüler: Ableiten
Manchmal kann man nicht hören, welchen Buchstaben man in einem Wort schreiben muss. Oft hilft dann Verlängern oder Ableiten von verwandten Wörtern weiter.
Beispiele: re**nn**t → re**n n**en, also mit zwei n.
lauf**e**nd → lauf**e**nde, also mit d.
S**ä**tze → S**a**tz, also mit ä.
Sa**tz** → Sä**t z**e, also mit tz.
Ru**ck**sack → Rü**c k**en und Sä**c k**e, also in beiden Fällen ck.
ge**h**t → ge **h**en, also mit h.
Gla**s** → Glä**s**er, also mit s.

Wörter zum Einprägen 47

OG Übungsschwerpunkt: Gemischte Übung
Dehnungs-h, nicht ableitbares ä, verdoppelter Vokalbuchstabe, auch v, chs, dt

Hinweis für die Schülerinnen und Schüler vor dem Diktat
Dieser Text enthält Wörter, deren Schreibung man sich einprägen muss.
Beispiele: Haar mit aa, Kohl mit h, Bär mit ä, Vater mit v, Lachs mit chs, Stadt mit dt.

Die Vokabeln unterm Kopfkissen
Unsere Großeltern schoben sich ihre Vokabelhefte unter das Kopfkissen und **vertrauten** fest darauf, dass sich die Wörter **während** des Schlafes besser **einprägten**. Half ihnen dabei eine gute **Fee**? Oder lassen sich **nachvollziehbare** Begründungen für dieses **Verfahren anführen**?
Schlafforscher weisen inzwischen in umfangreichen **Versuchsreihen** eindeutig die **gedächtnisfördernde** Wirkung des Schlafes nach. **Versuchspersonen**, die schlafen durften, behielten auswendig gelernte Wörter **viel** besser als **Versuchsteilnehmer**, die **ohne** Schlaf auskommen mussten. Schon ein **paar** Stunden Tiefschlaf genügten(,) um die **Lernfähigkeit** entscheidend zu steigern. Ungestört durch weitere **Wahrnehmungen** lädt das Gehirn in dieser Zeit **nämlich** Inhalte aus dem **Kurzzeitgedächtnis** in das **Langzeitgedächtnis**. Es verknüpft sie dort mit **zahlreichen** anderen Erinnerungen zu einem **allmählich anwachsenden** Netzwerk von **Erfahrungen**. Das kann im Schlaf besonders gut **stattfinden**, weil dann das Stresshormon, das bekanntlich das Lernvermögen **beeinträchtigt**, nur in geringen Mengen vorliegt. (137)
Die praktische **Empfehlung** lautet also: Die **Idee** mit den Vokabeln unterm Kopfkissen ist nicht **verkehrt**, **bewährt** sich aber nur, wenn **spätestens** vor dem Einschlafen die Vokabeln auch gelernt werden. (166)

Prüfmethode für Schülerinnen und Schüler: Einprägen
Einige der hier vorkommenden Wörter haben Rechtschreibbesonderheiten, die ihr nicht durch Mitsprechen oder Ableiten allein klären könnt. Ihr müsst sie euch einprägen. Achtet besonders auf das Dehnungs-h und auf verdoppelte Buchstaben für Vokale.
Wenn ihr Zweifel habt, schlagt im Wörterbuch nach.
Schwierige Merkwörter könnt ihr in eure Rechtschreibkartei aufnehmen. So könnt ihr eure persönlichen „Vokabeln" wiederholen.

48 Wörter zum Einprägen

TA Übungsschwerpunkt: Gemischte Übung
Dehnungs-h, verdoppelter Vokalbuchstabe, ai, einfaches i für lang gesprochenes i

Hinweis für die Schülerinnen und Schüler vor dem Diktat
Dieses Diktat enthält Wörter, deren Schreibung man sich einprägen muss.
Beispiele: Haar mit aa, Kohl mit h, Bär mit ä, Vater mit v, Lachs mit chs, Stadt mit dt.

Ungleiches ungleich schreiben
Wie **wohl** in jeder Sprache gibt es auch im Deutschen Wörter, die gleich klingen, aber **mehrere** Bedeutungen haben. So ist der Wal als **Meeressäugetier** von der **Wahl** eines **Präsidenten** nur als geschriebenes Wort zu unterscheiden. Die **Saite** einer Geige klingt genauso wie die Seite eines Buches.
Ungleiches wird auch ungleich geschrieben. Dieses **Prinzip** gilt in vielen Fällen, wenn auch nicht immer. Beim Sprechen hört man zwar keinen Unterschied, aber dem Leser springt es sofort ins Auge, ob es sich um das **Lid** eines Auges oder um ein gesungenes Lied handelt, ob ein Maler Bilder malt oder der Müller in der **Mühle** sein **Mehl mahlt**. **Waisenkinder** werden nicht von ihren Eltern, sondern auf andere Weise erzogen. (118)
Zuerst **widersetzen** wir uns vielleicht diesen **unangenehmen** Unterscheidungen, aber durch wiederholten Umgang **gewöhnen** wir uns so daran, dass wir sie kaum noch **wahrnehmen**.
Aber eines ist **wahr**: Für jede Schülergeneration war und ist es mühselig, sich den Weg durch dieses Dickicht von Sonderfällen zu **bahnen**. (163)

Prüfmethode für Schülerinnen und Schüler: Einprägen
Einige der hier vorkommenden Wörter haben Rechtschreibbesonderheiten, die ihr nicht durch Mitsprechen oder Ableiten allein klären könnt. Ihr müsst sie euch einprägen. Achtet auf das Dehnungs-h, auf verdoppelte Buchstaben für Vokale und auf einfaches i für den lang gesprochenen Vokal i.
Wenn ihr Zweifel habt, schlagt im Wörterbuch nach.
Schwierige Merkwörter könnt ihr in eure Rechtschreibkartei aufnehmen. So könnt ihr eure persönlichen „Vokabeln" wiederholen.

Wörter zum Einprägen   49

ÜG Übungsschwerpunkt: Längenzeichen verdoppelter Vokalbuchstabe

Hinweis für die Schülerinnen und Schüler vor dem Diktat
Achtet auf Wörter mit aa, ee oder oo wie in Saal, Beet oder Moor.

Verheerende Schäden
Wahrscheinlich passieren jeden Tag ein **paar** kleinere Ölunfälle. Daneben werden laufend ölhaltige Abfälle verklappt, also einfach in die offene **See entleert**. Das interessiert das Fernsehpublikum aber wenig. Es käme auch keiner auf die **Idee**, über Unglücke zu berichten, denen Riesentanker um **Haaresbreite** entgangen sind.
Damit die internationale Presse über einen Ölunfall berichtet, muss er schon **verheerende** Schäden anrichten. Das **Meer** muss mit einer zentimeterdicken Ölschicht überzogen sein, **Heerscharen** freiwilliger Helfer müssen den **Teer** von den Küsten kratzen. Vor laufender Kamera müssen sie mit ihren **Schlauchbooten Seevögel** retten und ihnen das Öl aus dem Gefieder waschen. Im **Zoo** müssen verletzte Tiere gepflegt und auf die Rückkehr ins **Meer** vorbreitet werden. Gegenseitige Schuldzuweisungen müssen die **zwischenstaatlichen** Beziehungen belasten, **Reedereien** müssen zu hohen Strafen verurteilt werden oder auch **aalglatt** den Kopf aus der Schlinge ziehen. (134)
Es ist wichtig, dass die Medien über solche Katastrophen berichten. Wünschenswert wäre es aber, wenn sie schon früher über die Gefahren informieren und die notwendigen Sicherheitsmaßnahmen einfordern würden. Vielleicht ließe sich so manche Katastrophe verhindern. (169)

Mögliche Vorgaben: verklappt, Katastrophe

Prüfmethode für Schülerinnen und Schüler: Einprägen
Wörter mit lang gesprochenem a, e oder o werden manchmal mit verdoppeltem Buchstaben für den Vokal geschrieben. Überlegt, welche Wörter ihr euch dazu gemerkt habt.
Beispiele: Saal, Beet, Moor.
Überprüft die Wörter mit langem Vokal. Wenn ihr noch Zweifel habt, schlagt im Wörterbuch nach.

50 Wörter zum Einprägen

ÜG Übungsschwerpunkt: Längenzeichen verdoppelter Vokalbuchstabe

Hinweis für die Schülerinnen und Schüler vor dem Diktat
Achtet auf Wörter mit aa, ee oder oo wie in Saal, leer oder Boot.

Gespenster im Teufelsmoor
Im Norden von Bremen erstreckte sich früher eine gewaltige **Moorfläche**, das **Teufelsmoor**. Die Menschen, die hier wohnten, lebten in der Hauptsache vom Torf, der abgestochen und dann mit besonderen **Booten** in die Großstadt gebracht wurde. Dort wurde er damals zum Heizen benutzt und nicht wie heute zum Auflockern der **Beete**.
Die Arbeit im **Moor** war nicht einfach und auch nicht ungefährlich. Wer vom rechten Weg abkam, der war mit Haut und **Haar** verloren. Selbst erfahrene Torfstecher verirrten sich und verschwanden für immer. Wenn jemand aber ohne ein christliches Begräbnis blieb, dann glaubte man, dass seine **Seele** keine Ruhe fände. Jeder Einheimische kannte natürlich die unheimlichen Geschichten, in denen eine solche ruhelose **Seele** einem verirrten Menschen wie eine gute **Fee** den richtigen Weg zeigte oder aber wie eine böse auch zu seinem Verhängnis wurde. (136)
Wenn im feuchten **Moor** Nebelschwaden aufstiegen, das trockene Schilf raschelte und knackte, dann ließ die Angst auch den kaltblütigsten **Teufelsmoorer** zwischen Farn und **Moos** Dinge sehen, die nicht real waren. (166)

Prüfmethode für Schülerinnen und Schüler: Einprägen
Wörter mit lang gesprochenem a, e oder o werden manchmal mit verdoppeltem Buchstaben für den Vokal geschrieben. Überlegt, welche Wörter ihr euch dazu gemerkt habt.
Beispiele: Saal, leer, Boot.
Überprüft die Wörter mit langem Vokal. Wenn ihr noch Zweifel habt, schlagt im Wörterbuch nach.

Wörter zum Einprägen 51

ÜG Übungsschwerpunkt: Längenzeichen Dehnungs-h

Hinweis für die Schülerinnen und Schüler vor dem Diktat
In diesem Text kommen zahlreiche Wörter vor, in denen ein lang gesprochener Vokal durch ein Dehnungs-h markiert ist.
Beispiele: Stahl, lahm, wohnen, kehren.

Fernsehen der Zukunft
Während die Zuschauer in früheren **Jahren** nur zwischen drei Programmen **auswählen** konnten, steht uns heute eine Viel**zahl** von Sendern zur Verfügung. Das hat gleichzeitig zu einer neuen Form des Fernsehens **geführt**.
Es **zählt** mittlerweile nicht **mehr** allein, ob man eine Sendung gesehen hat, sondern auch, ob man selbst in einer der **zahlreichen** Talkshows (Talk-Shows) aufgetreten ist. Dort sind die **Teilnehmer** dann auch bereit(,) ihr Privatleben öffentlich zur Schau zu stellen.
Wenn aber immer **mehr** Menschen auf dem Bildschirm erscheinen wollen(,) anstatt nur davor zu sitzen, dann fragen sich die Programmmacher, wie sie in Zukunft noch den richtigen Kurs **fahren** können. Nur das Publikum, das tatsächlich vor dem Fernseher sitzt, bringt Geld. Die privaten Sender kennen nämlich keine **Gebühren**, sie finanzieren sich über **Werbeeinnahmen**. (126)
Vielleicht muss man in Zukunft den Zuschauer **wahlweise** durch Werbegeschenke oder Gutscheine zum Zusehen animieren – die Kontrolle erfolgt übers Telefon. Vielleicht wird dies sogar zu einer neuen Form des Gelderwerbs: Fernsehen gegen **Bezahlung**. (159)

Mögliche Vorgaben: Talkshow, privat

Prüfmethode für Schülerinnen und Schüler: Einprägen
Ein lang gesprochener Vokal wird bei manchen Wörtern durch ein Dehnungs-h markiert. Es kann nur vor r, l, m oder n stehen. Solche Wörter müsst ihr euch merken. Auch in allen verwandten Wörtern bleibt das Dehnungs-h erhalten.
Beispiele: nehmen, nahm, Aufnahme, teilnehmen, Unternehmen, …
empfehlen, Empfehlung, empfiehlt, empfohlen, empfahl, …

52 Wörter zum Einprägen

ÜA Übungsschwerpunkt: Längenzeichen Dehnungs-h, auch ieh

Hinweis für die Schülerinnen und Schüler vor dem Diktat
In diesem Text kommen zahlreiche Wörter vor, in denen ein lang gesprochener Vokal durch ein Dehnungs-h markiert ist.
Beispiele: Stahl, lahm, wohnen, kehren.

Eine Wattwanderung
Besucher der Nordsee, die eine Wattwanderung **unternehmen**, erleben eine einzigartige Naturlandschaft. Da es nicht ganz **ungefährlich** ist, kilometerweit auf die offenen Watten hinauszugehen, **empfiehlt** sich die **Teilnahme** an einer **geführten** Wanderung.
Herr Hein ist ein **erfahrener Wattführer** und kann viel über das Watt und seine **Bewohner erzählen**. Er weist seine Gäste auf die **zahlreichen** Spuren von Vögeln, Muscheln, Krebsen, Schnecken und Würmern hin. So zeigt ein gewundener Kothaufen neben einem trichterförmigen Loch die **Wohnröhre** eines Wattwurms an. Der **wohnt** in einer u-förmigen **Höhle**, strudelt sich über den Trichter **Nahrung** herbei und scheidet den Kot am anderen Ende des **Rohres** aus. Herr Hein gräbt einen Wurm aus, der einem großen Regenwurm **sehr ähnlich** sieht. Aber im hellen Tageslicht **fühlt** sich das Tier gar nicht **wohl** und **bohrt** sich sofort wieder in den Schlick. (134)
Herr Hein schaut auf die **Uhr** und **mahnt** zur **Umkehr**. Die Flut kommt(,) und die Watten füllen sich **allmählich** wieder mit Wasser. (156)
In den Prielen strömt es bereits kräftig(,) und die Gruppe watet durch **ausgedehnte** Wasserflächen, bis sie **unversehrt** den Strand erreicht. (176)

Mögliche Vorgaben: Hein, Priel

Prüfmethode für Schülerinnen und Schüler: Einprägen, Ableiten
Ein lang gesprochener Vokal wird bei manchen Wörtern durch ein Dehnungs-h markiert. Es kann nur vor r, l, m oder n stehen. Solche Wörter müsst ihr euch merken. Auch in allen verwandten Wörtern bleibt das Dehnungs-h erhalten.
Beispiele: nehmen, nahm, Aufnahme, teilnehmen, Unternehmen, …
empfehlen, Empfehlung, empfiehlt, empfohlen, empfahl, …

Wörter zum Einprägen 53

ÜA Übungsschwerpunkt: Längenzeichen Dehnungs-h, auch ieh

Hinweis für die Schülerinnen und Schüler vor dem Diktat
In diesem Text kommen zahlreiche Wörter vor, in denen ein lang gesprochener Vokal durch ein Dehnungs-h markiert ist.
Beispiele: Stahl, lahm, wohnen, kehren.

Diensthundeführer
Polizeiobermeister Schreiber ist **Diensthundeführer** bei der Polizei und **erzählt** uns von der Ausbildung der Polizeihunde. Er trainiert seinen Hund regelmäßig, damit er die **jährliche** Überprüfung besteht.
An einem Übungstag wird zuerst eine **Fährte** auf einer großen Wiese gelegt. Die Hunde **nehmen** den Geruch **wahr**, der von den umgetretenen Grashalmen und von zerquetschten Kleinstlebewesen ausgeht. **Erfahrene** Hunde unterscheiden sogar verschieden alte Spuren mit ihrer hochempfindlichen Nase.
Dann wird Gehorsam **gelehrt**. **Befiehlt** der Hundeführer zum Beispiel „Platz", so muss sich der Hund daran **gewöhnen**, liegen zu bleiben. Selbst wenn **mehrere** andere Hunde vorbeilaufen, darf er sich nicht **rühren**. Zur **Belohnung** zieht der Polizist ein Bringsel hervor, schleudert es fort(,) und der Hund flitzt hinterher. (113)
Schon beim Training kann man **erahnen**, wie **gefährlich** die eigentlich **sehr zahm** wirkenden Hunde bei einer **Fahndung** werden können. Der Hund verbellt einen Helfer, der einen Dieb **nachahmt**. Befolgt der Täter die **Befehle** des Polizisten nicht, **wehrt** er sich oder flieht er sogar, dann beißt der Hund ihn in den Arm. Den Armschutz bekommt der Hund dann als Beute. Es **empfiehlt** sich also Respekt vor einem gut **geführten** Hund. (182)

Mögliche Vorgaben: Schreiber, Bringsel, Respekt, trainieren

Prüfmethode für Schülerinnen und Schüler: Einprägen, Ableiten
Ein lang gesprochener Vokal wird bei manchen Wörtern durch ein Dehnungs-h markiert. Es kann nur vor r, l, m oder n stehen. Solche Wörter müsst ihr euch merken. Auch in allen verwandten Wörtern bleibt das Dehnungs-h erhalten.
Beispiele: nehmen, nahm, Aufnahme, teilnehmen, Unternehmen, …
empfehlen, Empfehlung, empfiehlt, empfohlen, empfahl, …

54 Wörter zum Einprägen

ÜG Übungsschwerpunkt: Wörter mit ai

Hinweis für die Schülerinnen und Schüler vor dem Diktat
Achtet auf Wörter, in denen ai steht. Beispiele: Kaiser, Mai.

Abenteuer im Maisfeld
Schon seit beinahe einer Stunde irren wir in dem Labyrinth aus Gängen, Wegen und Räumen herum. Immer wieder begegnen wir Leuten, die genauso suchend und lachend umherwandern wie wir. Ab und zu hebt Vater den kleinen Tim auf die Schultern, der dann über die Wände aus hohen **Maispflanzen** hinwegblicken kann und uns Vorschläge macht, in welche Richtung es gehen könnte. Aber so ganz scheint er den Überblick auch nicht zu haben. Weniger **laienhaft** ist da schon Susis Richtungsbestimmung über den Sonnenstand. So landen wir dann doch am **Feldrain**, wo an diesem Sonntag ein buntes Treiben herrscht. Junge Leute haben ihre Gitarren dabei und schlagen singend in die **Saiten**. Im nahe gelegenen **Buchenhain** machen Familien Picknick. Es herrscht regelrechte Volksfeststimmung an einem Ort, der sonst eher **verwaist** daliegt. (130)
Den Spaß verdanken wir einem Bauern, der in sein Feld mit hoch gewachsenem **Mais** ein Labyrinth gemäht und am **Feldrain** eine Kasse aufgestellt hat. (154)
Vielleicht will er sich etwas dazuverdienen, weil die Preise für Getreide wie Weizen, Roggen und **Mais** laufend sinken, auch wenn ein **Laib** Brot im Laden schon seit vielen Jahren in etwa dasselbe kostet. (187)

Mögliche Vorgaben: Labyrinth, Idee

Prüfmethode für Schülerinnen und Schüler: Einprägen
Überprüft, welche Wörter in diesem Text mit ai geschrieben werden. Vergleicht mit den Wörtern, die ihr euch dazu eingeprägt habt, oder schlagt im Wörterbuch nach.

Wörter zum Einprägen

ÜG Übungsschwerpunkt: Wörter mit chs

 Hinweis für die Schülerinnen und Schüler vor dem Diktat
Wo ihr ks hört, steht in fast allen deutschen Wörtern chs. Beispiel: Lachs.

Brief an Lilli
Hallo Lilli,
lange habe ich nichts mehr von dir gehört, aber ich war ja auch schreibfaul. Nun gibt es aber Neuigkeiten: Endlich sind wir umgezogen!
Unsere neue Adresse ist
Am **Sachsenring** 4.
Telefonnummer und Postleitzahl sind gleich geblieben. Zum Glück brauche ich auch nicht die Schule zu **wechseln**. Darüber bin ich sehr froh. Allerdings bin ich täglich etwas länger mit dem Bus auf **Achse**, weil ich **sechs** Haltestellen weiter fahren muss.
Endlich habe ich ein eigenes Zimmer! Vor dem Umzug hatte ich schon befürchtet, dass ich mit meiner kleinen Schwester in einem Zimmer wohnen müsste, bis ich **erwachsen** bin. Du glaubst gar nicht, wie gut ich mich jetzt mit ihr verstehe.
Mein Zimmer hat einen Fußboden aus **gewachstem** Kork, ich habe einen breiten Sessel von meiner Oma bekommen(,) und auf der Fensterbank **wachsen** meine Pflanzen. (136)
Das Haus liegt sehr schön am Waldrand. Ich schicke dir ein Foto mit. Die Nachbarn sagen, dass Rehe und sogar **Füchse** bis in die Gärten kommen. Gesehen habe ich bisher nur **Eidechsen**. Ich hoffe nur, es gibt keine Schlangen.
Schreib mir bald!
Deine Ina (182)

Mögliche Vorgabe: Lilli

 Prüfmethode für Schülerinnen und Schüler: Einprägen
Überprüft, welche Wörter in diesem Text mit chs geschrieben werden. Vergleicht mit den Wörtern, die ihr euch dazu eingeprägt habt, oder schlagt im Wörterbuch nach.

56 Wörter zum Einprägen

ÜG Übungsschwerpunkt: Wörter mit v für den Laut f

Hinweis für die Schülerinnen und Schüler vor dem Diktat
In einigen, teilweise recht häufig gebrauchten Wörtern wie „Vater" steht ein v, wo man f hört. Achtet besonders auf die Wortbausteine ver, vor, viel und voll.

Eine unglaubliche Verwechslung
In den letzten Ferien war ich mit meinen Eltern zu Besuch bei unseren **Verwandten**. Mein **Vetter** und ich blieben eines Abends allein zu Hause (zuhause).
Wir machten uns früh fertig und erzählten uns im Bett Gruselgeschichten. Meinem Vetter fielen die **verrücktesten** Geschichten mit **Verbrechern** und Entführern ein. Was dann passierte, werde ich wohl nie **vergessen**. **Vom Vordereingang** des Hauses erscholl ein fürchterliches Geschrei. **Völlig verunsichert** fragten wir uns, ob da **vielleicht** ein Baby entführt würde und **voller Verzweiflung** um Hilfe schrie. **Vorsichtig** näherten wir uns dem Fenster. Als es aber **vom** Dach dicht neben uns ebenfalls schrie, kratzte und scharrte, **verkrochen** wir uns **voller** Angst wieder in unseren Betten. (112)
Glücklicherweise kamen die Eltern schon eine **Viertelstunde** später nach Hause. Meine Mutter konnte sich nicht **vorstellen**, warum wir so **verängstigt** waren. Als sie aber selbst den Lärm hörte, lachte sie nur, holte eine Taschenlampe und leuchtete in das Gestrüpp im **Vorgarten**. Fauchend schossen **vier** Katzen daraus **hervor**. (159)
Damit war die Musik des **Katzenvolks** erst einmal **vorbei**. (168)

Mögliche Vorgabe: Verwandte

Prüfmethode für Schülerinnen und Schüler: Einprägen
Markiert alle Wortbausteine ver und vor.
Vergleicht die Wörter, in denen ihr den Laut f hört, mit den Wörtern, die ihr als Wörter mit v gelernt habt. Überprüft in Zweifelsfällen mithilfe des Wörterbuchs.

Wörter zum Einprägen 57

ÜG **Übungsschwerpunkt: Nicht oder schwer ableitbare b, d, dt, g**

Hinweis für die Schülerinnen und Schüler vor dem Diktat
Nicht in jedem Fall könnt ihr durch Mitsprechen und Ableiten klären, wo ein b, d, g oder dt stehen muss. Beispiel: niedlich mit d. Diese Wörter solltet ihr euch eingeprägt haben.

Auf der Streuobstwiese
Wer die Patenschaft für eine **Streuobstwiese** übernimmt, den erwarten viel Arbeit, aber auch besondere Erlebnisse.
Während der letzten Winterwochen muss der Baumschnitt abgeschlossen sein und müssen die Bäume auf **Baumkrebs** und andere Wunden untersucht werden. Nistkästen werden aufgehängt. Sie bieten **Nistmöglichkeiten** für Meisen und andere Vögel, die in den **Obstbäumen Jagd** auf die unzähligen Schädlinge machen. Im April versinkt die **Obstwiese** in einem weißen Blütenmeer, später dann in der bunten Farbenpracht der vielen Wiesenblumen.
Im Sommer muss die Wiese gemäht werden. Im September ist die Wiese übersät mit den Blüten der giftigen **Herbstzeitlosen**, die wie lila Krokusse aus dem Boden sprießen. (104)
Inzwischen lässt sich schon **abschätzen**, wie die Ernte ausfallen wird. Kisten und Leergut werden besorgt, **Verwandte** und Bekannte zusammengetrommelt. (123)
Dann ist es so weit: Die roten und goldgelben Früchte werden gepflückt und aufgelesen, **hübsch** ordentlich in Stiegen gelegt oder in Säcken und Kübeln **weggebracht**. Bei **Erbsensuppe** und frisch gepresstem Apfelsaft stärken sich die Helfer. (158)

Mögliche Vorgaben: mähen, Leergut

Prüfmethode für Schülerinnen und Schüler: Einprägen
Überprüft,
  wo ihr beim Mitsprechen ein p hört und dennoch b geschrieben werden muss,
  wo ihr beim Mitsprechen ein t hört und dennoch d oder dt geschrieben werden muss,
  wo ihr beim Mitsprechen ein k hört und dennoch g geschrieben werden muss.
  Diese Wörter solltet ihr euch gemerkt haben. Im Zweifelsfall benutzt das Wörterbuch.

58 Wörter zum Einprägen

ÜG Übungsschwerpunkt: Wörter mit dt, nicht oder schwer ableitbares d

Hinweis für die Schülerinnen und Schüler vor dem Diktat
In diesem Text kommen Wörter vor, die mit dt geschrieben werden.
Achtet auch auf Wörter, in denen man t hört, aber d schreibt.

Die Konferenz der Tiere
Die Menschen könnten es so hübsch haben, wenn sie sich nur einig wären(,) Krieg und Elend aus der Welt zu schaffen. **Irgendjemand** müsste ihnen endlich helfen, meinten jedenfalls die Tiere.
Während sich Präsidenten und Minister aus allen **Hauptstädten** der Welt auf einer ihrer zahllosen Konferenzen mal wieder nicht einigen konnten, trafen sich **Abgesandte** aller Tierarten und schritten kurz entschlossen zur Tat. Die Mäuse zerfraßen alle überflüssigen Akten(,) und die Motten machten **Jagd** auf die Uniformen der Militärs. (81)
Als all dies nichts half, entführten die Tiere die Menschenkinder in eine abgelegene **Gegend**. Der Elefant **wandte** sich über die Radiosender an alle Menschen. **Niemand** brauche Angst zu haben. Es gehe den Jungen und **Mädchen** gut, versicherte er. Sie könnten zu ihren Eltern und **Verwandten** zurückkommen, **sobald** diese für eine bessere Zukunft gesorgt hätten. (135)
Ob inzwischen alle Kinder und **Jugendlichen** wieder daheim sind, konnte bis Redaktionsschluss nicht festgestellt werden. (150)

Mögliche Vorgabe: Redaktion

Prüfmethode für Schülerinnen und Schüler: Einprägen
Überprüft das Diktat nochmals daraufhin, ob an Stellen, wo man t hört, ein d oder dt stehen muss. Im Zweifelsfall schaut ins Wörterbuch.

Wörter zum Einprägen 59

ÜA Übungsschwerpunkt: Nicht oder schwer ableitbares ä und äu

Hinweis für die Schülerinnen und Schüler vor dem Diktat
Ob ä oder e, äu oder eu steht, könnt ihr manchmal nicht durch Ableiten entscheiden.
Diese Wörter müsst ihr euch gemerkt haben.

Kuschelbären aus dem Eukalyptuswald
Wappentier Australiens und lebendes Vorbild vieler Teddy**bären** sind die Koalas. Diese **Wollknäuel** sind tatsächlich sehr friedfertige und gesellige Tiere, die auch Menschen gegenüber nicht scheu sind. **Träge** bewegen sie sich im Geäst der Bäume und schieben **gemächlich** Unmengen von giftigen Eukalyptusblättern in sich hinein. Die Koalas sind **fähig**(,) sie zu verdauen, weil Bakterien in ihrem über zwei Meter langen Blinddarm den Speisebrei zur **Gärung** bringen.
Mit echten **Bären** sind die **behäbigen** Koalas nicht näher verwandt. Sie sind Beuteltiere, **ähnlich** wie die **Kängurus**. **Während** der Paarungszeit hört man häufig ihre bellenden Rufe in der **Dämmerung**. Nur **ungefähr** einen Monat lang sind die Weibchen **trächtig**, bis das winzige, kaum zwei Zentimeter lange Junge zur Welt kommt, nackt und blind **aufwärts** bis in den Beutel kriecht und dort **zunächst** gesäugt wird. **Später** schleckt es von der Mutter vorverdauten Speisebrei und gewöhnt sich **allmählich** an die schwer verdauliche Kost. (149)
Koalas lassen sich leicht zähmen, sind aber nur schwer in Gefangenschaft zu halten. Der Körper dieser Kuscheltiere **sträubt** sich gegen jede nicht genau richtig giftige Ernährung. (175)

Mögliche Vorgaben: Eukalyptus, Teddy, Koala, Paarung

Prüfmethode für Schülerinnen und Schüler: Einprägen
Markiert Wörter, die ihr euch als „Wörter mit ä" gemerkt habt, weil ihr für sie kein verwandtes Wort mit a finden könnt. Markiert auch entsprechende Wörter mit äu.
Seid ihr euch unsicher, schlagt im Wörterbuch nach.

60 Wörter zum Einprägen

KG Übungsschwerpunkt: Gemischte Übung
Dehnungs-h, verdoppelter Vokalbuchstabe, nicht oder schwer ableitbares ä, b, d, Buchstabe v für den Laut f, häufige Wortbausteine

Hinweis für die Schülerinnen und Schüler vor dem Diktat
Dieser Text enthält viele Wörter, deren Schreibung ihr euch eingeprägt haben müsst.
Beispiele: Haar mit aa, Kehle mit h, Bär mit ä, Vater mit v, Stadt mit dt.

Ungeahnter Besuch
Torben und ich haben im **März** dieses **Jahres** Nistkästen gebaut. Die hängten wir gleich in die noch **kahlen Obstbäume** im Garten. Schon **bald** bezogen Blaumeisen und **Kohlmeisen**, **später** sogar ein **Starenpaar** die angebotenen **Wohnungen**. Unterschiedlich große Fluglöcher erleichterten den verschiedenen **Höhlenbrütern** die Qual der **Wahl**. Sobald sie einen geeigneten Ort gefunden hatten, trugen sie **unentwegt** Grashalme und **Moos** herbei und polsterten ihre Nester damit aus. **Während** im **Mai** die **Jungvögel aufwuchsen** und einen **Bärenhunger** entwickelten, waren die Eltern **ständig** mit der **Nahrungssuche beschäftigt**. Sie machten **Jagd** auf die **unzähligen** Insekten und ihre **Larven**, die im **Obstgarten viel** Schaden **verursachen** können. (102)
Als wir im **Herbst** die Nistkästen wieder **abnahmen, ausleerten** und gründlich säuberten, erwartete uns eine **ungeahnte** Überraschung. Fast hätte Torben die Fledermaus, die kopfüber in einem der Kästen hing, mit dem Überrest eines Nestes **verwechselt**. Ihm **fuhr** der Schreck in die Glieder(,) und er **hängte** den Kasten schnell wieder in den Baum. Der kleine Vampir aber ließ sich in seinem Schlaf nicht stören. (165)

Mögliche Vorgaben: Torben, Vampir

Prüfmethode für Schülerinnen und Schüler: Einprägen
Einige Wörter in diesem Diktat haben Rechtschreibbesonderheiten, die ihr nicht durch Mitsprechen oder Ableiten allein klären könnt. Ihr solltet sie euch eingeprägt haben. Überprüft auf Dehnungs-h und auf aa, ee oder oo. Achtet auch auf ä, b, d, dt und v. Vergewissert euch im Zweifelsfall durch Nachschlagen.

Wörter zum Einprägen 61

KA Übungsschwerpunkt: Gemischte Übung
verdoppelter Vokalbuchstabe, Dehnungs-h, nicht ableitbares ä, auch chs, dt, qu, v

Hinweis für die Schülerinnen und Schüler vor dem Diktat
Dieses Diktat enthält viele Wörter, deren Schreibung ihr euch eingeprägt haben müsst.
Beispiele: Haar mit aa, Kohl mit h, Bär mit ä, Vater mit v, Lachs mit chs, Stadt mit dt.

Im Hochmoor
Früher hatte ich geglaubt, **Hochmoore** müssten hoch oben im Gebirge liegen. Aber selbst in unmittelbarer Nähe des **Meeres** kann sich ein **Hochmoor** befinden. Das **erfuhr** ich **spätestens** bei unserem Ausflug ins Große **Moor während** unseres Urlaubs an der **Ostsee**. Welche **Bewandtnis** es mit der Bezeichnung **Hochmoor** hat, sieht man am besten, wenn man über die Oberfläche eines solchen **Moores** blickt. Sie wölbt sich in der Mitte wie ein **Uhrglas** nach oben, weil das **Torfmoos** dort **mehr** Wasser speichert und schneller **wächst**. Die winzigen **Moospflänzchen wachsen ständig** nach oben weiter. Nach unten hin sterben sie ab und bilden den Torf. Es ist ein herrliches **Gefühl**, über den schwingenden Torfboden zu laufen. Das **Torfmoos** hat fast alle anderen Pflanzen aus dem **Moor verdrängt**. Nur ein **paar** kleine Birken recken gespensterhaft ihre weißen Stämmchen empor. (134) Schrecklich wird es im **Moor** erst, wenn die **Dämmerung** hereinbricht. **Heerscharen** von Mücken stürzen sich auf den armen Wanderer. **Qualvoll** wird jeder Atemzug(,) und jede unbedeckte Hautstelle ist **gefährdet**. Da fällt der Entschluss zur **Heimkehr** nicht schwer. (171)

Mögliche Vorgaben: das Große Moor (als Eigenname mit großem Anfangsbuchstaben)

Prüfmethode für Schülerinnen und Schüler: Einprägen
Einige Wörter in diesem Diktat haben Rechtschreibbesonderheiten, die ihr nicht durch Mitsprechen oder Ableiten allein klären könnt. Ihr sollt sie euch eingeprägt haben. Überprüft auf Dehnungs-h und auf aa, ee oder oo. Achtet auch auf ä, chs, dt und v. Vergewissert euch im Zweifelsfall durch Nachschlagen.

62 Wörter aus fremden Sprachen

OG Übungsschwerpunkt: Gemischte Übung
Themenbereich Theater

Hinweis für die Schülerinnen und Schüler vor dem Diktat
In diesem Text kommen Fremdwörter vor, bei denen ihr besondere Schreibweisen beachten müsst.

Der Theaterk(c)lub informiert
Auch in diesem Jahr konnten wir wieder ein **phänomenales** Angebot für unsere Schule aushandeln: Wer sich für ein **Theaterabonnement** entscheidet, kann in dieser Spiel**saison** zehn Vorstellungen besuchen. Das Programm reicht von einer **Neuinszenierung** von **Klassikern** wie Brechts „Mutter **Courage** und ihre Kinder" über **Pantomime** und **Kabarett** bis hin zu Operette, **Musical**, **Ballett** und einem Konzert des **Sinfonieorchesters (Symphonieorchesters)**.
Über **Themen**, historische Hintergründe, Autoren usw. könnt ihr euch genauer in der **Theaterecke** unserer **Schulbibliothek** informieren.
Und nun die besondere **Attraktion**: Der **Abonnementpreis** versteht sich **inklusive** der Fahrtkosten für öffentliche Verkehrsmittel. Da hält kein **Kino** und keine **Diskothek** mit. (100)
Zur **Organisation**: Die aktuellen **Termine** der Vorstellungen erfahrt ihr etwa eine Woche vorher durch einen Aushang direkt neben der **Hausmeisterloge**. Die Karten könnt ihr dann im Sekretariat abholen, euren Beitrag überweist ihr auf das unten angegebene **Girokonto**.
Wir garantieren für **Qualität** und für **kreative** Abende in **sympathischer** Begleitung.

Eure Schülervertreter vom Theaterk(c)lub. (151)

Mögliche Vorgabe: Courage

Prüfmethoden für Schülerinnen und Schüler: Einprägen, Wortbausteine erkennen, Nachschlagen
Unterstreicht die Fremdwörter, bei denen ihr euch unsicher seid, ob ihr sie richtig geschrieben habt. Schlagt diese Wörter im Wörterbuch nach. Teilt euch die Arbeit unter Tischnachbarn auf.
Sucht Wortbausteine, die ihr auch von anderen Fremdwörtern kennt.

Wörter aus fremden Sprachen 63

**TA Übungsschwerpunkt: Gemischte Übung
Themenbereich Musik, Kultur**

Hinweis für die Schülerinnen und Schüler vor dem Diktat
In diesem Text kommen Fremdwörter vor, bei denen ihr besondere Schreibweisen beachten müsst.

Hinweis: Das Diktat ist nicht einfach. Vorschlag: Knickt zuerst ein Drittel der Seite in eurem Heft als Rand ab, den ihr nicht beschreibt. Da habt ihr später Platz für Korrekturen und Ergänzungen.

Orthograph(f)ische Spuren
Musik geht um die Welt(,) und auch manche Wörter haben eine Reise durch die Sprachen der Erde gemacht. Der **Jazz** kam aus Amerika, **Reggae** aus Jamaika, und zusammen mit den **Rhythmen** der **Musik** breiteten sich die Bezeichnungen dafür aus. An der besonderen Schreibung dieser Fremdwörter kann man oft noch heute wie an einem Fingerabdruck ihre Herkunft erkennen. Ähnlich ging es vielen **Musikinstrumenten** vom **Cembalo** über das **Klavier** bis zum **Synthesizer** und **musikalischen** Gattungen wie Operette, **Chanson** oder **Musical**. (80)
Auch in anderen Lebensbereichen signalisiert die Schreibung von Fremdwörtern, aus welchen Kulturen wir einmal **Traditionen** und Moden übernommen haben. Woher stammen **Philosophie**, **Theorie** und **Hypothese**? Woher **Organisation** und **Justiz**? Aus welcher Sprache wurde das **Girokonto** übernommen? Aus welcher kommen **Journalismus** und **Zivilcourage**, **Ateliers** und **Boutiquen**? Und aus welcher **Volleyball**, **Laptop** und **Checkliste**? Das könnt ihr herausfinden, wenn ihr die Schreibung der Wörter in einem Wörterbuch überprüft. (146)

Mögliche Vorgabe: Jamaika

Prüfmethoden für Schülerinnen und Schüler: Einprägen, Wortbausteine erkennen, Nachschlagen
Schlagt in Partner- oder Gruppenarbeit schwierige Wörter nach. Schreibt sie richtig neben den Text auf den Rand, den ihr gelassen habt.
Wenn ihr die Wörter vorher nicht kanntet, schreibt auch die Bedeutung und die Herkunft der Wörter an den Rand.

64 Wörter aus fremden Sprachen

ÜG Übungsschwerpunkt: Wörter lateinischer Herkunft
einfaches i, v, x, tion
Themenbereich Medizin

Hinweis für die Schülerinnen und Schüler vor dem Diktat
In diesem Text kommen Fremdwörter vor, die aus dem Lateinischen stammen und einige typische Besonderheiten aufweisen.
Beispiele: Maschine mit einfachem i, privat mit v, Explosion mit x, funktionieren mit -tion und -ieren.

Brief aus der Klinik
Liebe **Christine**, Heidelberg, den 25. 04.
die Zeit in der **Klinik** wird mir total lang. Da fange ich sogar an(,) Briefe zu schreiben. Ich bin jetzt zurück auf einem normalen Zimmer, aber ich lag einen Tag auf der **Intensivstation**, da ich durch die Magen-Darm-**Infektion extrem** viel Flüssigkeit verloren hatte. Sie haben mir **liter**weise Salzwasser in die **Vene** gepumpt. Infusion nennen sie das hier. Außerdem war ich an eine **Maschine** angeschlossen, die meinen Kreislauf kontrollierte. Natürlich bin ich froh, dass die moderne **Medizin** so **effektiv** helfen kann, aber etwas unheimlich ist mir diese **Gesundheitsfabrik** manchmal schon. (100)
Der Geruch nach **Desinfektionsmitteln** und das ständige Summen der **Klimaanlage** gehen mir auf die **Nerven**. Der **Appetit** auf das **Kantinenessen** ist mir auch schon vergangen. Die Schwestern und Pfleger sind aber absolut in Ordnung. Dr. Valentin, der **Stationsarzt**, macht bei der **Visite** immer seine Witze: Ich sollte mir wegen ein paar **Millionen Viren** nicht gleich in die Hosen machen.
Dies **exklusiv** für dich von
deiner **Martina** (166)

Mögliche Vorgabe: Dr. Valentin

Prüfmethode für Schülerinnen und Schüler: Einprägen, Wortbausteine erkennen, Nachschlagen
In dem Brief kommen viele Fachwörter aus der Medizin vor. Sie stammen zum großen Teil aus dem Lateinischen und haben typische Besonderheiten:
Lang gesprochenes i wird als einfaches i geschrieben.
Ausnahme: Wortbaustein -ieren in Verben wie spazieren, musizieren.
Es gibt keine Dehnungszeichen und kein ck.
Für den Laut w schreibt man v, für die Lautkombination ks ein x.
Überprüft schwierige Wörter auf diese Besonderheiten. Im Zweifelsfall benutzt das Wörterbuch.

Wörter aus fremden Sprachen 65

ÜA **Übungsschwerpunkt: Wörter lateinischer Herkunft
einfaches i, v, x, tion**

Hinweis für die Schülerinnen und Schüler vor dem Diktat
In diesem Text kommen Fremdwörter vor, die aus dem Lateinischen stammen und daher einige typische Besonderheiten aufweisen.
Beispiele: Maschine mit einfachem i, privat mit v, Explosion mit x, funktionieren mit -tion und -ieren.

Leben am Vesuv
Am 24. August des Jahres 79 brach der Vesuv in einer gewaltigen **Explosion** aus. Asche verfinsterte den Himmel. **Lava** wälzte sich in die Straßen der Stadt Pompeji am Fuße des **Vulkans** und überdeckte schließlich die ganze Stadt mehr als fünf Meter hoch. Überreste von Bewohnern fand man noch im Gestein **konserviert**, als man die **Ruinen** um 1700 wieder entdeckte. Andere konnten rechtzeitig fliehen, so dass (sodass) die Geschehnisse sogar schriftlich überliefert sind.
Von zahlreichen **Stationen** aus **studieren** Forscher heute weltweit die **Aktivität** der **Vulkane**. Mit speziellen Infrarotkameras untersuchen sie die aufsteigenden Gase und messen ihr **Volumen**. Gesucht werden **Indizien** für bevorstehende Ausbrüche. **Intensive** Forschungen haben gezeigt, dass der Vesuv zur Kategorie der **explosiven Vulkane** zählt. Diese brechen in **variablen** Abständen ohne jegliche Vorwarnung immer wieder aus. (128)
Die Bevölkerung rund um den Vesuv herum ist heute **relativ** zahlreich. Besucher aus aller Welt kommen täglich zu den **Ruinen** Pompejis, erkunden die interessante **Vegetation** auf dem **vulkanischen** Boden und unternehmen **Expeditionen** zum Kraterrand. Es wäre jedoch **naiv** zu glauben, dass der **Vesuv** ewig ruht. (172)

Mögliche Vorgaben: Vesuv, Pompeji

Prüfmethode für Schülerinnen und Schüler: Einprägen, Wortbausteine erkennen, Nachschlagen
Fremdwörter, die aus der lateinischen Sprache stammen, weisen einige Besonderheiten auf:
Lang gesprochenes i wird als einfaches i geschrieben.
Ausnahme: Wortbaustein -ieren in Verben wie spazieren, musizieren.
Es gibt keine Dehnungszeichen und kein ck.
Für den Laut w schreibt man v, für die Lautkombination ks ein x.
Überprüft schwierige Wörter auf diese Besonderheiten. Im Zweifelsfall benutzt das Wörterbuch.

66 Wörter aus fremden Sprachen

ÜG Übungsschwerpunkt: Wörter lateinischer und griechischer Herkunft
einfaches i, v, x, y, ph

Hinweis für die Schülerinnen und Schüler vor dem Diktat
In diesem Text kommen Fremdwörter vor, die aus dem Lateinischen oder dem Griechischen stammen und daher einige typische Besonderheiten aufweisen.
Beispiele: Maschine mit einfachem i, privat mit v, Explosion mit x, funktionieren mit -tion und -ieren, Rhythmus mit rh, th und y.

Das neue Jahrhundert
Zur Jahrtausendwende fanden **Propheten** aller Art Interesse für ihre **Zukunftsvisionen**. In Fernseh- und **Zeitungsmagazinen** konnten sie ihre Ansichten über zukünftige Entwicklungen aus den verschiedensten **Perspektiven** darstellen.
Einige befürchten einen raschen **Klimawandel** und ökologische **Katastrophen**. Andere hoffen auf den Erfolg **alternativer** Technologien. Die Arbeitswelt, im vergangenen Jahrhundert durch **Maschinen** und Automatisierung **revolutioniert**, soll durch die neuen **Kommunikationstechniken** weitere **gravierende** Umwälzungen erfahren.
Auch neue **politische** Strukturen und **internationale Institutionen** müssen geschaffen werden. Viel **Kreativität** in der **Politik** wird nötig sein(,) um in Konflikten nicht dem **Militär** das Feld zu überlassen. (89)
Wie wird sich das **Privatleben** entwickeln? Die **explosionsartigen** Entwicklungen in **Medizin** und Wissenschaft verändern die **Alterspyramide**: Kontinuierlich wächst der Anteil alter Menschen. Manche befürchten, die **Familien** würden in noch kleinere Teile zerfallen und die soziale **Isolation** der Menschen würde zunehmen. Andere rechnen mit **intensiveren** Bemühungen um Kinder, Alte und Behinderte im **privaten** und nachbarschaftlichen Bereich. Ob am Ende die **positiven** oder die **negativen** Entwicklungen überwiegen, hängt auch von uns ab: Jeder kann die Zukunft **aktiv** mitgestalten. (165)

Prüfmethode für Schülerinnen und Schüler: Einprägen, Wortbausteine erkennen, Nachschlagen
Fremdwörter, die aus der griechischen oder lateinischen Sprache stammen, weisen einige Besonderheiten auf:
Lang gesprochenes i wird als einfaches i geschrieben.
Ausnahme: Wortbaustein -ieren in Verben wie spazieren, musizieren.
Es gibt keine Dehnungszeichen und kein ck.
Für den Laut w schreibt man v, für die Lautkombination ks ein x.
Für den Laut ü schreibt man oft y.
In manchen Wörtern steht ph für den Laut f.
Überprüft schwierige Wörter auf diese Besonderheiten. Im Zweifelsfall benutzt das Wörterbuch.

Wörter aus fremden Sprachen

ÜA Übungsschwerpunkt: Wörter griechischer und lateinischer Herkunft
einfaches i, v, x, y, ch, kk, ph, rh, th
Fachsprache Naturwissenschaft

Hinweis für die Schülerinnen und Schüler vor dem Diktat
In diesem Text kommen Fremdwörter vor, die aus dem Griechischen oder Lateinischen stammen und daher einige typische Besonderheiten aufweisen.
Beispiele: Maschine mit einfachem i, privat mit v, Explosion mit x, funktionieren mit -tion und -ieren, Chor mit ch, Rhythmus mit rh, th und y.

Brennstoff aus Algen?
Die Verbrennung von **Benzin** und anderen **fossilen** Energieträgern belastet zunehmend die Umwelt. Der Treibhauseffekt heizt die **Atmosphäre** auf, saurer Regen schädigt Wälder und Gewässer. Die **Rhetorik** um **alternative** Energiequellen verdeckt zuweilen die noch ungelösten technischen Probleme. Neue Wege gehen Forscher, die versuchen(,) der Natur **Techniken** abzuschauen. So ist es **charakteristisch** für alle grünen Pflanzen, dass sie die Energie des Sonnenlichtes sehr **effektiv** nutzen. Mit Hilfe des grünen Blattfarbstoffs **Chlorophyll synthetisieren** sie chemische Stoffe, die viel Energie enthalten.
Wissenschaftler der **Universität** Marburg haben nun ein interessantes **Phänomen** entdeckt. Manche Grünalgen bilden in einer bestimmten **Phase** der **Photosynthese** (**Fotosynthese**) Wasserstoffgas. **Hypothesen** zufolge ist es möglich, das Gas **systematisch** zu gewinnen. Es verbrennt schadstofffrei zu reinem Wasser. Wasserstoff könnte in Motoren als Treibstoff oder in Brennstoffzellen direkt zur Stromerzeugung dienen. (130)
Auch ohne **Akkus** kann man Solarenergie mithilfe (mit Hilfe) des Gases speichern und transportieren. Modellversuche laufen bereits. Wenn es gelänge, die **Methode** kostengünstig und in großem Maßstab einzusetzen, könnte **theoretisch** viel **Benzin** eingespart werden. (164)

Mögliche Vorgaben: Chlorophyll, Marburg

Prüfmethoden für Schülerinnen und Schüler: Einprägen, Wortbausteine erkennen, Nachschlagen
Schlage schwierige Wörter im Wörterbuch nach.
Wenn du ein Wort nicht findest, denke auch an Schreibungen mit th, ph, rh, ch, y, v und kk.
Es gibt keine Dehnungszeichen. Lang gesprochenes i wird als einfaches i geschrieben.
Ausnahme: Wortbaustein -ieren in Verben wie analysieren, inspizieren.

68 Wörter aus fremden Sprachen

ÜG Übungsschwerpunkt: Wörter französischer Herkunft
ant, au, c, é, et, ett, ette, eur, g und j für den Laut ʒ, ier, ine, ment, on, ou, que, v
Themenbereich Touristik

Hinweis für die Schülerinnen und Schüler vor dem Diktat
In diesem Text kommen einige Fremdwörter vor, die aus der französischen Sprache stammen. Sie weisen einige andere Laute und besondere Schreibungen auf.
Beispiele: Garage, Journalist, Karton, Restaurant.

Urlaubsansichten
Die Sommerferien verbringen wir immer bei meinen Großeltern, die in einem Dorf an der Küste des Mittelmeers leben. Hinter den Gärten und **Orangen**hainen des Ortes erheben sich am Strand die **Beton**burgen der Hotels und **Appartements** (Apartments). Daneben gibt es zahlreiche **Cafés** und kleine **Boutiquen**. Meine Schwester bedient dort in einem **Restaurant**. Ich staune(,) mit welcher **Routine** sie das Frühstücks**buffet** (**-büfett**) herrichtet oder **Tabletts** mit hoch aufgestapelten Tellern **jongliert**. Ich lerne gerade erst(,) die **Servietten** richtig zu falten. Mich will der **Hotelier** nicht offiziell anstellen, weil ich noch zu jung bin. (91)
Viele deutsche **Touristen** machen hier Urlaub. Neulich war eine ganze Mannschaft zu den Wasserski-Meisterschaften (Wasserschi) der **Amateure** angereist. Als sie merkten, wie gut ich Deutsch kann, haben sie mich als ihren Dolmetscher **engagiert**. Ich durfte sogar mal Wasserski (Wasserschi) fahren. Am schönsten sind die Ferien für mich jedoch, wenn ich am frühen Abend mit den Jungen aus dem Dorf am Strand Fußball spiele. (150)

Mögliche Vorgaben: Dolmetscher, Ski (Schi)

Prüfmethode für Schülerinnen und Schüler: Einprägen, Nachschlagen
Fremdwörter aus dem Französischen könnt ihr oft an Lauten erkennen, die es im Deutschen nicht gibt. Die besonderen Schreibweisen müsst ihr euch einprägen.
Beispiele: Croissant, Clique, adrett, Engagement, Zivilcourage, Journal, Karton, Bankier, Ingenieur, Niveau, Rommé (Rommee).
Solche Laut-Buchstaben-Zuordnungen müsst ihr auch berücksichtigen, wenn ihr Fremdwörter französischer Herkunft im Wörterbuch nachschlagen wollt.

Wörter aus fremden Sprachen

ÜG **Übungsschwerpunkt: Wörter englischer Herkunft
Themenbereich Computer, Sport**

Hinweis für die Schülerinnen und Schüler vor dem Diktat
Achtet auf Fremdwörter, die aus der englischen Sprache stammen. Sie bringen oft auch ihre englische Schreibweise mit. Beispiele: Baby, Cowboy.

Fank(c)lub online
Inzwischen haben alle **Fank(c)lubs** der größeren Bundesligavereine ihre **Homepage** im Internet. Dort können sich die **Fans** unter **„News"** über die aktuellen Spielergebnisse informieren, Kommentare zu Spielverläufen abrufen oder **Interviews** mit Sportlern lesen. Oft werden auch **Quizfragen** gestellt, bei denen der **Fan** sein **Know-how** testen kann. Eine bunte **Show** aus **Comics** und Animationen hält die **Fans** vor dem **Computer** fest(,) und interessante Links laden zum **Weitersurfen** ein. Ohne Mühe kann man über **Chats** oder **E-Mail** Kontakt zu anderen **Fans** aufnehmen, sich gemeinsam über einen **unfairen** Spielverlauf ärgern oder über die **Teamaufstellung** für das kommende Spiel diskutieren.
Der **Fanshop** bietet alle möglichen **Fanartikel** an, denn ohne kommerziellen Erfolg ist der Profifußball nicht zu denken. Natürlich kann man über **E-Mail** oder **Fax** auch die **Tickets** für das nächste Spiel bestellen. Gratis gibt es Infos zu Bahnverbindungen oder **Park-and-ride**-Möglichkeiten. (137)
Obwohl das Internet **boomt**, sollte man nicht vergessen: **Fun** gibt es mit Sicherheit auch beim aktiven **Training** im heimischen Verein. (157)

Prüfmethode für Schülerinnen und Schüler: Einprägen, Nachschlagen
Oft könnt ihr an der Aussprache erkennen, ob es sich um ein Wort aus dem Englischen handelt. Viele dieser Wörter kennt ihr vielleicht auch aus dem Englischunterricht. Sie behalten oft ihre englische Schreibweise auch als deutsche Fremdwörter bei.
Aber Achtung: Auch englischstämmige Nomen werden im Deutschen großgeschrieben. Beispiele: die Talkshow, das Make-up, der CD-Player.
In Zweifelsfällen hilft das Wörterbuch.

70 Wörter aus fremden Sprachen

ÜG Übungsschwerpunkt: Wörter italienischer und französischer Herkunft
au, ai, c, cch, ee, g, gh, gn, kk, on, v, zz
Themenbereich Küche

Hinweis für die Schülerinnen und Schüler vor dem Diktat
In diesem Text kommen einige Fremdwörter mit ihren besonderen Lauten und Schreibweisen vor. Beispiele: Champagner, Püree, Girokonto.

Lasagne
Ihr erwartet Gäste? Sie kennen schon alle eure Videos und CDs? Überrascht sie doch mal mit einem selbst vorbereiteten Essen. Oder, noch besser, ihr kocht gemeinsam etwas. **Pizza**, **Spagetti (Spaghetti)**, **Makkaroni** und **Tortellini**, diese Klassiker der jungen Küche gibt es allerdings schon oft genug. Versucht es mal mit einer leckeren **Lasagne**.
Die gebrauchsfertigen Nudelplatten bekommt ihr in jedem Supermarkt. In einer Pfanne bratet ihr in etwas Öl Zwiebeln, Knoblauch und Hackfleisch an und würzt mit Salz, Pfeffer und Oregano. In einem Topf dünstet ihr kurz in Scheiben geschnittenes Gemüse der **Saison**. Besonders eignen sich **Zucchini**, frische **Champignons**, **Porree** oder in **Olivenöl** angebratene **Auberginen**. Den Backofen heizt ihr schon mal auf 200 Grad vor, während nun die Nudelplatten abwechselnd mit dem Hackfleisch und dem Gemüse bedeckt und in Schichten in eine feuerfeste Auflaufform gefüllt werden. Darüber gebt ihr reichlich Soße aus Sahne und Tomaten. Mit Käse überdeckt(,) wird die **Lasagne** für 30 Minuten in den Ofen geschoben.
Guten **Appetit**! (159)

Mögliche Vorgaben: Video, CDs

Prüfmethode für Schülerinnen und Schüler: Einprägen, Nachschlagen
Fremdwörter fallen manchmal durch besondere Laute auf. Fremdwortverdächtig sind auch Wörter, die etwas bezeichnen, was aus anderen Ländern zu uns gekommen ist.
Schlagt alle schwierigen Wörter im Wörterbuch nach.
Häufige Buchstaben und Buchstabenkombinationen, die in diesen Fremdwörtern vorkommen können, sind: au, ai, c, cch, ee, g, gh, gn, kk, on, v, zz.

Wörter aus fremden Sprachen 71

KG **Übungsschwerpunkt: Gemischte Übung**

 Hinweis für die Schülerinnen und Schüler vor dem Diktat
Achtet auf Fremdwörter und ihre besonderen Schreibweisen, die ihr euch eingeprägt habt.

Zu Besuch in der Heimat
Mein **Cousin** hatte uns mit dem Auto vom Flugplatz abgeholt und sicher durch den **chaotischen** Stadtverkehr **manövriert**. Dann gab es eine Riesenbegrüßung im Dorf meiner Familie. Großmutter und Tante Fatima müssen schon seit Tagen Hühner geschlachtet, gekocht und gebacken haben. **Konserven** kommen hier nie auf den Tisch. Onkel Antonio zeigte uns sein neues Haus, auf das inzwischen eine zweite **Etage** mit einem großen **Balkon** über der **Garage** gebaut wurde. Mein älterer Bruder zog am Abend gleich mit seiner ehemaligen **Clique** ins **Café**. Ich verstehe zwar alles, was sie sagen, aber selbst mitzureden(,) fällt mir manchmal doch schwer. (102)
Wenn meine Tante auf dem Feld oder beim Waschen ist, betätige ich mich jetzt als **Babysitter** meiner kleinen Kusine (Cousine). Sie ist wirklich zu niedlich. Mit meinen älteren **Kusinen** (**Cousinen**) kann ich aber über kaum ein **Thema** richtig reden. Sie **interessieren** sich nicht für **Volleyball**(,) und ich kann mich nicht so für die **Boygroups** aus den **Videoclips** oder für ihre **Fernsehshows** und **Diskotheken** begeistern. Eigentlich bin ich ganz froh, dass wir bald wieder zu Hause (zuhause) sind und die Schule anfängt. (180)

Mögliche Vorgaben: Fatima, Antonio

Prüfmethode für Schülerinnen und Schüler: Einprägen, Nachschlagen
Schlagt Wörter, bei denen ihr euch unsicher seid, im Wörterbuch nach.

Wörter aus fremden Sprachen

KA Übungsschwerpunkt: Gemischte Übung
Themenbereich Journalismus

Hinweis für die Schülerinnen und Schüler vor dem Diktat
Achtet auf Fremdwörter und ihre besonderen Schreibweisen, die ihr euch eingeprägt habt.

Die Abendnachrichten
Wenn uns die Nachrichtensprecher im Fernsehen abends das aktuelle Weltgeschehen nahezu perfekt **präsentieren**, haben h(H)underte von Mitarbeitern schon **journalistische** und technische Vorarbeit geleistet.
Für eine abendliche **Journalsendung** findet am Vormittag bereits die erste Konferenz der **Redakteure** statt. Aus der Flut der Meldungen wählen sie wichtige und interessante **Informationen** aus und lassen die Hintergründe **recherchieren**. Die **Chefredakteure** bestimmen das **Thema** und den Autor eines Kommentars. Korrespondenten in Auslandsstudios übermitteln ihre Berichte meist **via Satellit**. Die **Filmredaktion** schneidet dann das **Videomaterial** zusammen, das **Kamerateams** vor Ort gedreht haben. Die Beiträge dauern eine halbe bis zwei Minuten. Längere **Reportagen** sind den **Magazinsendungen** vorbehalten. (102)
Während der **Livesendung** lesen viele Sprecher die **Texte** von einem Teleprompter ab. Das ist ein Bildschirm bei der **Kamera**, auf den die Sprecher schauen. So haben die Zuschauer den Eindruck, sie würden direkt angeschaut und die Sprecher wüssten auswendig von den Ereignissen zu berichten. Im **Regieraum** werden Bild und Ton gemischt. (153)
Der **Chefredakteur** entscheidet manchmal noch in letzter Minute, ob aktuelle Meldungen ins laufende Programm aufgenommen werden. Erst beim „Wetter" ist im Studio Feierabend. (176)

Mögliche Vorgabe: Teleprompter

Prüfmethode für Schülerinnen und Schüler: Einprägen, Nachschlagen
Schlagt Wörter, bei denen ihr euch unsicher seid, im Wörterbuch nach.

Wörter, die großgeschrieben werden

OG Übungsschwerpunkt: Gemischte Übung

Hinweis für die Schülerinnen und Schüler vor dem Diktat
Achtet darauf, dass alle Nomen großgeschrieben werden. Auch Wörter anderer Wortarten werden großgeschrieben, wenn sie in einem Satz als Nomen gebraucht werden.
Beispiele: die Tasse, der Zufall, das Kleinste, beim Schwimmen.

Über den Daumen gepeilt

Über den **Daumen** gepeilt(,) lassen sich **Entfernungen** grob abschätzen. Will ein **Pfadfinder** beim **Wandern** wissen, wie weit es noch bis ins nächste **Dorf** ist, so sucht er sich zuerst einen auffälligen **Punkt**, zum **Beispiel** die **Kirchturmspitze**. Mit lang ausgestrecktem **Arm** peilt er nun mit dem rechten **Auge** den **Kirchturm** über den hoch gestellten **Daumen** an. Ohne den **Arm** zu bewegen(,) wird dann mit dem linken **Auge** gepeilt. Der **Daumen** bewegt sich scheinbar vor dem **Hintergrund** um einen „**Daumensprung**" nach rechts, beispielsweise bis vor einen großen **Baum**. (90)
Nun gilt folgende **Faustregel**: Man schätzt zuerst den **Abstand** zwischen den beiden angepeilten **Punkten**, also zwischen der **Kirchturmspitze** und dem **Baum**. Das **Zehnfache** dieses **Abstands** ist dann die **Entfernung** zum **Dorf**. Beim **Schätzen** muss man allerdings sorgfältig vorgehen, das ist das **Schwierigste** und **Ungenaueste** beim **Peilen**. Schätzen wir den **Abstand** zwischen **Kirchturm** und **Baum** auf hundert **Meter**, so müssen wir noch einen **Kilometer** wandern. Gehen wir jedoch von fünfzig Metern **Abstand** aus, so haben wir nur noch die **Hälfte** des **Weges** vor uns. (173)

Prüfmethode für Schülerinnen und Schüler: Nomen bestimmen 1
So könnt ihr prüfen, ob ein Wort ein Nomen ist:
Erster Schritt: Die Anfassprobe oder die Haben-Probe
Kann man das, was das Wort bezeichnet, **anfassen, sehen** oder **haben**?
Beispiele: Baum, Feuer, Freude, Schuld.
Zweiter Schritt: Artikelprobe
Gehört **einer** der drei Artikel der, die oder das fest zu dem Wort?
Beispiele: **das** Fest, aber nicht die Fest oder der Fest.
der Inhalt, aber nicht die Inhalt oder das Inhalt.

74 Wörter, die großgeschrieben werden

TA Übungsschwerpunkt: Gemischte Übung

Hinweis für die Schülerinnen und Schüler vor dem Diktat
Achtet darauf, dass alle Nomen großgeschrieben werden. Auch Wörter anderer Wortarten werden großgeschrieben, wenn sie in einem Satz als Nomen gebraucht werden.
Beispiele: die Tasse, der Zufall, das Kleinste, beim Schwimmen.

Eine gute Idee
Als wahrhaftig mal eine gute **Idee** lobte Mark Twain einst eine **Besonderheit** der deutschen **Rechtschreibung**: In keiner anderen **Sprache** hebt man neben den **Satzanfängen** und **Namen** auch alle **Nomen** durch einen großen **Anfangsbuchstaben** hervor.
Eine **Qual** hingegen ist oft das **Erlernen** dieser **Besonderheit**(,) und es gab und gibt genügend **Bestrebungen**(,) dieses **Übel** als unzeitgemäß abzuschaffen. Aber wehren sich dagegen nur die ewig **Gestrigen**, die sich gegen alles **Neue** sperren und nicht mehr umdenken wollen? Haftet der **Großschreibung** eines **Baumes** nun etwas besonders **Schönes** an(,) oder gibt es sonst einen vernünftigen **Grund**(,) an der **Idee** festzuhalten?
Mit der **Großschreibung** fordert die **Rechtschreibung** eine **Dienstleistung** für die **Leser** ein. Ein **Satz** liest sich nämlich nachweislich schneller, wenn die wichtigen **Wörter** markiert sind. Diese wichtigen **Dinge** sind meist **Nomen**, und deshalb werden die **Wörter** dieser **Wortart** großgeschrieben. Den **Nutzen** haben wir als **Leser**, die **Mühe** allerdings als **Schreiber**. (148)
Künstler und **Werbetexter** setzen sich übrigens oft ganz bewusst über die engen **Grenzen** der **richtigen Schreibung** hinweg und erlauben sich einen freieren **Umgang** mit den großen und kleinen **Buchstaben**. (177)

Mögliche Vorgabe: Mark Twain

Prüfmethode für Schülerinnen und Schüler: Nomen bestimmen 2
So könnt ihr prüfen, ob ein Wort einer anderen Wortart als Nomen gebraucht wird:
Steht ein Artikel bei dem Wort? Oder könnte man einen Artikel einfügen?
Beispiele: Ich hasse das ewige Abwaschen.
Und Abtrocknen hasse ich auch. (Und das Abtrocknen hasse ich auch.)
beim Abtrocknen (bei dem Abtrocknen), das Folgende.
Steht ein anderer Begleiter bei dem Wort?
Beispiele: ein leises Summen, ihr Lachen, welches Grün?, dieses helle Grün, nichts Neues, alles Reden, kein Suchen, etwas Selbstgemachtes.
Gehört ein Attribut zu dem Wort?
Beispiele: lautes Singen, langes Hin und Her.
Steht das Wort mit einer Präposition zusammen?
Beispiele: ohne Zögern, auf Englisch, in Blau.

Wörter, die großgeschrieben werden

ÜG Übungsschwerpunkt: Konkreta und Abstrakta mit Begleiter bestimmter und unbestimmter Artikel, Demonstrativpronomen, Possessivpronomen, Indefinitpronomen

Hinweis für die Schülerinnen und Schüler vor dem Diktat
Achtet darauf, dass alle Nomen großgeschrieben werden.
Beispiele: die Tasse, der Zufall.

Ein neues Familienmitglied
Schon lange hatten sich die **Kinder** ein **Haustier** gewünscht. Immer wieder war ihr **Wunsch** von den **Eltern** mit dem Hinweis abgelehnt worden, dass die zusätzliche **Arbeit** schließlich doch an ihnen hängen bleiben würde.
Die **Klasse** der **Tochter** hatte sich vor Jahren ein **Kaninchen** gekauft(,) und als die **Grundschulzeit** um war, stellte sich die **Frage**, wo dieses **Tier** nun bleiben sollte. Das war die **Gelegenheit**, auf die das **Mädchen** schon immer gewartet hatte. Sollte das arme **Tier** etwa ins **Tierheim**? Niemals, das konnte kein **Tierfreund** zulassen. So gaben die **Eltern** schließlich ihr **Einverständnis**, auch wenn viele **Dinge** noch zu klären waren. In die **Wohnung** sollte das **Kaninchen** nicht, also musste ein **Kaninchenstall** angeschafft werden. Auch das **Heu** und das übrige **Futter** waren zu besorgen. Für die überglücklichen **Kinder** waren die **Besorgungen** in den ersten Tagen kein **Problem**. So hielt das **Tier** seinen **Einzug** in die neue **Behausung** und zeigte seine **Anhänglichkeit**, nachdem die **Kinder** mit ihrer liebevollen **Zuwendung** seine **Freundschaft** gewonnen hatten. (164)
„Wir werden uns bestimmt immer um das **Kaninchen** kümmern", versprachen die **Kinder** fest. (177)

Prüfmethoden für Schülerinnen und Schüler: Nomen bestimmen
So könnt ihr prüfen, ob ein Wort ein Nomen ist:
Erster Schritt: Die Anfassprobe oder die Haben-Probe
Kann man das, was das Wort bezeichnet, **anfassen, sehen** oder **haben**?
Beispiele: Baum, Feuer, Freude, Schuld.
Zweiter Schritt: Artikelprobe
Gehört **einer** der drei Artikel der, die oder das fest zu dem Wort?
Beispiele: **das** Fest, aber nicht die Fest oder der Fest.
der Inhalt, aber nicht die Inhalt oder das Inhalt.

76 Wörter, die großgeschrieben werden

ÜG Übungsschwerpunkt: Konkreta und Abstrakta mit und ohne Begleiter

Hinweis für die Schülerinnen und Schüler vor dem Diktat
Achtet darauf, dass alle Nomen großgeschrieben werden.
Beispiele: die Tasse, der Zufall.

Die dunkle Seite der Entdeckungen
Die **Ankunft** europäischer **Seefahrer** auf ihren **Entdeckungsfahrten** im beginnenden 16. **Jahrhundert** traf die **Ureinwohner Mittel-** und **Südamerikas** unvorbereitet. Wagemutige **Abenteurer** aus **Europa**, denen in ihrer **Heimat** der **Boden** zu heiß geworden war, suchten neue **Herausforderungen** und hofften(,) durch riesige **Goldfunde** alle ihre **Probleme** zu lösen. **Entsagungen** und **Strapazen** schreckten sie nicht ab. **Skrupellosigkeit** und **Habgier** bestimmten ihr **Handeln**. Die **Sage** von dem **Goldland** Eldorado, wo selbst die **Straßen** mit **Gold** gepflastert sein sollten, ließ sie alles andere vergessen. Die **Ureinwohner** waren diesem **Ansturm** der europäischen **Eroberer** nicht gewachsen. Hinzu kam, dass diese über **Waffen** verfügten, die den **Indios** unbekannt waren und ihnen deshalb viel **Angst** machten.
So erlagen die **Völker** der **Inkas** und **Azteken** schon dem ersten **Angriff** der **Europäer**(,) und sie erholten sich nie mehr von ihrer **Niederlage**. Steinerne **Überreste** ihrer einstigen **Hochkulturen** sind heute die einzigen **Erinnerungen** an sie. (146)
Das **Wort** „entdecken", so sagen manche ihrer **Nachfahren** kritisch, müsse man deshalb anders verstehen, als man es gewöhnlich tut. „Ent-decken" kann auch heißen „schutzlos machen". (171)

Mögliche Vorgaben: Eldorado, Inkas, Azteken

Prüfmethoden für Schülerinnen und Schüler: Nomen bestimmen
So könnt ihr prüfen, ob ein Wort ein Nomen ist:
Erster Schritt: Die Anfassprobe oder die Haben-Probe
Kann man das, was das Wort bezeichnet, **anfassen, sehen** oder **haben**?
Beispiele: Baum, Feuer, Freude, Schuld.
Zweiter Schritt: Artikelprobe
Gehört **einer** der drei Artikel der, die oder das fest zu dem Wort?
Beispiele: **das** Fest, aber nicht die Fest oder der Fest.
der Inhalt, aber nicht die Inhalt oder das Inhalt.

Wörter, die großgeschrieben werden

ÜA Übungsschwerpunkt: Konkreta und Abstrakta mit und ohne Begleiter

Hinweis für die Schülerinnen und Schüler vor dem Diktat
Achtet darauf, dass alle Nomen großgeschrieben werden
Beispiele: die Tasse, der Zufall.

Auf der Suche nach dem Glück
Die **Aussicht** auf **Glück** und **Wohlstand** hat **Menschen** schon seit **Urzeiten** zu allen möglichen **Anstrengungen** und **Mühen**, aber auch zu **Betrügereien** und **Hinterhältigkeiten** angetrieben. Die **Hoffnung** auf schnellen **Reichtum** stirbt nicht aus. **Lottogesellschaften** und **Spielkasinos** können davon ein **Lied** singen.
Wenn die **Lottozahlen** gezogen sind, ist für manchen **Zeitgenossen** die **Versuchung** groß(,) mit **Hilfe** eines nachträglich ausgefüllten **Lottoscheins** die sechs **Richtigen** zu erreichen und so **Millionen** einzustreichen. Zu **Recht** aber weisen die **Lottozentralen** darauf hin, dass solche **Versuche** in jedem **Fall** scheitern müssen. **Sicherheitsprüfungen** und regelmäßige **Kontrollen** lassen kaum ein **Risiko** außer **Acht**. (94)
Auch in **Spielkasinos** mangelt es nicht an „**Experten**", die durch vermeintlich todsichere **Systeme** die **Bank** sprengen wollen. Die **Reihenfolge** von **Gewinnzahlen** ist ihrer **Meinung** nach das **Ergebnis** von **Unebenheiten** im **Spieltisch** oder in der **Drehscheibe**. Aber auch wenn die **Spielbanken Spieler** mit **Taschenrechner** oder **Laptop** nicht schätzen, sie fürchten ihre **Berechnungen** nicht wirklich. Bislang hat noch keiner mit seinem **System** ein **Kasino** in **Schwierigkeiten** gebracht. Unser **Glück** sollten wir wohl anderswo suchen. (167)

Mögliche Vorgabe: Kasino

Prüfmethode für Schülerinnen und Schüler: Nomen bestimmen
So könnt ihr prüfen, ob ein Wort ein Nomen ist:
Erster Schritt: Die Anfassprobe oder die Haben-Probe
Kann man das, was das Wort bezeichnet, **anfassen, sehen** oder **haben**?
Beispiele: Baum, Feuer, Freude, Schuld.
Zweiter Schritt: Artikelprobe
Gehört **einer** der drei Artikel der, die oder das fest zu dem Wort?
Beispiele: **das** Fest, aber nicht die Fest oder der Fest.
der Inhalt, aber nicht die Inhalt oder das Inhalt.

Wörter, die großgeschrieben werden

ÜG Übungsschwerpunkt: Nomen mit typischen Endbausteinen

Hinweis für die Schülerinnen und Schüler vor dem Diktat
Achtet darauf, dass alle Nomen großgeschrieben werden. Viele Nomen könnt ihr an den Endbausteinen erkennen.
Beispiele: Kleidung, Heiterkeit, Besorgnis.

Die Verkehrsfliegerschule in Bremen
Der junge **Flugschüler**, der in Bremen die Jürgen-Schumann-Fliegerschule betritt, hat oft nur eine einseitige **Vorstellung** von den Aufgaben und Gefahren seines zukünftigen Berufs. **Verantwortung** und **Gefährlichkeit** werden ihm im Ansatz dann deutlich, wenn er erfährt, dass der Flugkapitän Jürgen Schumann 1977 mit dem Leben für seine **Tapferkeit** und Umsicht bei einer **Flugzeugentführung** bezahlt hat.
Bei der **Ausbildung** steht deshalb nicht nur das Fliegen auf dem Lehrplan, sondern auch das Lernen von **Gefahrenbewusstsein** und **Verantwortung**. Technische **Kenntnisse** allein sind noch keine besondere **Leistung** für einen Piloten. Die **Herausforderung** besteht darin, mit Technik und Menschen gleichzeitig richtig umzugehen. Die **Sicherheit** hierin muss immer wieder geübt werden, damit der Pilot auch in **Extremsituationen** blitzschnell auf unvorhergesehene **Ereignisse** reagieren kann. (120)
Durch die **Tüchtigkeit** und **Erfahrung** der **Ausbilder** kann der **Anfänger** alle **Schwierigkeiten** beherrschen lernen. Erst wenn **Besonnenheit** und **Schnelligkeit** gemeinsam vorhanden sind, weiß die **Fluggesellschaft**, dass die richtige Person im Cockpit sitzt. (152)

Mögliche Vorgaben: Jürgen Schumann, Cockpit

Prüfmethode für Schülerinnen und Schüler: Nomen bestimmen
Endet das Wort auf einen der typischen Endbausteine für Nomen?
Beispiele: -er, -heit, -keit, -nis, -schaft, -tion, -ung
(Lehrer, Menschheit, Heiterkeit, Erlebnis, Freundschaft, Funktion, Erklärung).

Wörter, die großgeschrieben werden

ÜG Übungsschwerpunkt: Nomen mit typischen Endbausteinen

Hinweis für die Schülerinnen und Schüler vor dem Diktat
Achtet darauf, dass alle Nomen großgeschrieben werden. Viele Nomen könnt ihr an den Endbausteinen erkennen. Beispiele: Kleidung, Heiterkeit, Besorgnis

Die Folgen des Klimawandels
Die **Heftigkeit** der Stürme, die zur Jahrtausendwende weite Teile Europas heimsuchten, ist möglicherweise **Ergebnis** der **Erwärmung** der Erde. Schon lange zeigen **Beobachtungen**, dass trotz aller **Schwankungen** die Temperaturen auf der Erdoberfläche stetig ansteigen. Durch die **Aufheizung** des Meerwassers wird ein Teil der Sonnenenergie im Sommer gespeichert und im Winter wieder freigesetzt, was in **Verbindung** mit der kühlen Luft zu kräftigen **Bewegungen** der Luftmassen führt. Die dadurch ausgelösten Stürme haben auch auf dem Meer eine zerstörerische **Wirkung**, aber erst auf dem Land treffen sie große Teile der **Bevölkerung**, schädigen ihr **Eigentum** und ihre **Gesundheit**. Auch malerische **Landschaften** wurden Opfer der Orkane. Die gewaltigen **Zerstörungen** im Westen Frankreichs und im Norden Spaniens geben **Zeugnis** von den **Auswirkungen** entfesselter Naturgewalten. (122)
Kein Mensch weiß, wie man sich in den kommenden Jahren schützen soll. Einmal mehr zeigt sich, dass die **Menschheit** die Geister, die sie durch die **Industrialisierung** rief, nur schwer wieder los wird. (154)

Prüfmethode für Schülerinnen und Schüler: Nomen bestimmen
Endet das Wort auf einen der typischen Endbausteine für Nomen?
Beispiele: -heit, -keit, -nis, -schaft, -ung, -tum
(Faulheit, Heiterkeit, Erlebnis, Freundschaft, Erklärung).

Wörter, die großgeschrieben werden

ÜG Übungsschwerpunkt: Nominalisierte Verben

Hinweis für die Schülerinnen und Schüler vor dem Diktat
Achtet darauf, dass nominalisierte Verben großgeschrieben werden.
Beispiele: beim Schwimmen, schnelles Laufen.

Mehr Erfolg beim Lernen
Kann man durch **Kaugummikauen** schlauer werden? Eine Studie, in der schnelles **Kombinieren** und das **Verknüpfen** der Gedanken beim **Lernen** untersucht worden ist, lässt Schülerherzen höher schlagen.
Bei einer größeren Schülergruppe war den Wissenschaftlern aufgefallen, dass die beobachteten Kinder durch **Kauen** von Kaugummi eine bis zu 40 % (Prozent) höhere Lernleistung erbrachten. Als Ursache vermutet man, dass **Kauen** die Durchblutung des Gehirns steigert und das **Zuführen** von Sauerstoff erleichtert. (72)
Wenn sich diese Beobachtungen bestätigen, ergeben sich vielfältige Konsequenzen. Beim **Werben** für Kaugummi könnten diese Vorteile betont werden. Auch die Schüler hätten gute Argumente gegen das ständige **Ermahnen** oder **Verbieten** ihrer Lehrer. Eltern könnten durch großzügiges **Verteilen** von Kaugummi größere Erfolge erreichen als durch **Streichen** von Taschengeld oder **Einschränken** von Fernsehzeiten. (123)
Allerdings würden die Lehrer beim **Ausarbeiten** neuer Unterrichtspläne wohl auch von einer größerer Leistungsfähigkeit der kauenden Schüler ausgehen müssen. (142)

Mögliche Vorgaben: % oder Prozent

Prüfmethoden für Schülerinnen und Schüler: Nomen bestimmen
So könnt ihr prüfen, ob ein Verb als Nomen gebraucht wird:
- Steht ein Artikel bei dem Wort? Oder könnt ihr in dem Satz einen Artikel einfügen?
Beispiele: Ich hasse das ewige Abwaschen. Und Abtrocknen hasse ich auch. (Und das Abtrocknen hasse ich auch.)
beim Abtrocknen, zum Abtrocknen (bei dem Abtrocknen, zu dem Abtrocknen).
- Steht ein anderer Begleiter bei dem Wort? Beispiele: ein leises Summen, ihr Lachen, jedes Üben, dieses leise Flüstern, alles Reden, kein Suchen.
- Gehört ein Attribut zu dem Wort? Beispiele: lautes Singen, langes Warten.
- Steht das Wort mit einer Präposition zusammen? Beispiele: ohne Zögern, durch Nachschlagen.

Wörter, die großgeschrieben werden

 ÜA Übungsschwerpunkt: Nominalisierte Verben

Hinweis für die Schülerinnen und Schüler vor dem Diktat
Achtet darauf, dass nominalisierte Verben großgeschrieben werden.
Beispiele: beim Schwimmen, schnelles Laufen.

Wildnis im Norden
Zu den letzten unberührten Naturparadiesen Europas gehören die schwedischen Nationalparks im hohen Norden. Wer sich fit fühlt und das Abenteuer sucht, kann hier beim **Wandern** über h(H)underte von Kilometern auf seine Kosten kommen. In der meist baumlosen Berglandschaft gibt es keine Orte, Hotels oder Supermärkte. Sorgfältiges **Planen** der Tour und eine zweckmäßige Ausrüstung sind darum unbedingte Voraussetzung für das **Überleben**. An das **Übernachten** im Freien, ans **Kochen** auf dem Spirituskocher und ans **Trinken** aus Bächen und Quellen hat man sich nach wenigen Tagen gewöhnt, aber sicheres **Umgehen** mit Karte und Kompass muss man schon vor der Tour trainieren. Langes **Suchen** oder gar **Herumirren** kann gefährlich werden, wenn das Wetter umschlägt oder wenn die Vorräte zur Neige gehen. (120)
Anfänger folgen am besten zunächst einmal dem Kungsleden, dem einzigen durchgehend gekennzeichneten Pfad. Die Markierungen erleichtern das **Finden** des richtigen Wegs(,) und Behelfsbrücken ermöglichen sogar ein **Überqueren** von Bächen und Flüssen mit trockenem Schuhwerk. (154)
Wer diesen ausgetretenen Weg dann verlässt, betritt das Reich der grenzenlosen Einsamkeit – und zugleich das einer grenzenlosen Freiheit. (172)

Mögliche Vorgaben: Tour, trainieren, Kungsleden

 Prüfmethode für Schülerinnen und Schüler: Nomen bestimmen
So könnt ihr prüfen, ob ein Verb als Nomen gebraucht wird:
- Steht ein Artikel bei dem Wort? Oder könnt ihr in dem Satz einen Artikel einfügen? Beispiele: Ich hasse das ewige Abwaschen. Und Abtrocknen hasse ich auch. (Und das Abtrocknen hasse ich auch.)
beim Abtrocknen, zum Abtrocknen (bei dem Abtrocknen, zu dem Abtrocknen).
- Steht ein anderer Begleiter bei dem Wort? Beispiele: ein leises Summen, ihr Lachen, jedes Üben, dieses leise Flüstern, alles Reden, kein Suchen.
- Gehört ein Attribut zu dem Wort? Beispiele: lautes Singen, langes Warten.
- Steht das Wort mit einer Präposition zusammen? Beispiele: ohne Zögern, durch Nachschlagen.

82 Wörter, die großgeschrieben werden

ÜG Übungsschwerpunkt: Nominalisierte Adjektive

Hinweis für die Schülerinnen und Schüler vor dem Diktat
Achtet darauf, dass nominalisierte Adjektive großgeschrieben werden.
Beispiele: der Letzte, etwas Neues.

Auf dem Wochenmarkt
In der Kleinstadt Lilienthal ist immer mittwochs Markttag. Hier wird oft etwas **Besonderes** geboten(,) und zwischen Kunden und Produzenten kommt auch das **Persönliche** zu seinem Recht. Die Bauern bieten ihren Kunden nur das **Beste** an. Sie sind sich darüber im **Klaren**, dass im **Großen** und **Ganzen** nur mit einer zufriedenen Kundschaft gute Geschäfte zu machen sind.
Im **Allgemeinen** bestimmen Obst, Gemüse, Milchprodukte und Geflügel das Warenangebot. Die Vielfalt der Farben und Formen reizt zum Kaufen. Neben den roten Möhren leuchtet das **Grün** der Gurken, der weiße Blumenkohl passt zum **Rot** der Radieschen.
Obwohl auch der Supermarkt um die Ecke manches bietet, zieht es die Menschen zum Wochenmarkt. Hier hoffen sie, dass man ihnen nichts **Ungesundes** verkauft. Die Kleinbauern waren tatsächlich oft die **Ersten**, die ökologische Produkte anboten. (130)
Die Möglichkeit(,) Bekannte zu treffen und sich im persönlichen Gespräch über lokale Ereignisse auf dem **Laufenden** zu halten(,) ist sicherlich heute wie früher ein wichtiger Grund(,) auf dem Markt einzukaufen. (159)
So wird heute das **Traditionelle** des Markttags durch die Vorzüge des **Ökologischen** bereichert. (174)

Mögliche Vorgabe: traditionell

Prüfmethode für Schülerinnen und Schüler: Nomen bestimmen
Oft könnt ihr nominalisierte Adjektive an ihren Begleitern erkennen.
Beispiele: die Letzten, im (= in dem) Folgenden, etwas Neues, nichts Schöneres, …

Wörter, die großgeschrieben werden

 Übungsschwerpunkt: Nominalisierte Adjektive

Hinweis für die Schülerinnen und Schüler vor dem Diktat
Achtet darauf, dass nominalisierte Adjektive großgeschrieben werden.
Beispiele: der Letzte, etwas Neues.

Das Drama von Enschede
In der niederländischen Stadt Enschede kam es im Frühjahr 2000 zur Explosion einer Feuerwerksfabrik, die ein ganzes Stadtviertel zerstörte. Dieses Unglück gehört zum **Schrecklichsten**, was in unserem Nachbarland jemals geschehen ist.
Wie konnte so etwas **Furchtbares** überhaupt passieren? Sehr rasch erkannten die Experten, dass erst eine Serie von Pannen und Versäumnissen die Katastrophe möglich gemacht hatte. Als **Erstes** fiel auf, dass nicht nur im Unternehmen selbst einiges im **Argen** lag. Auch die Behörden hatten nicht das **Nötige** zur Überwachung der Sicherheit getan. Die Kontrollen waren unzureichend(,) und Pläne für den Notfall gab es nicht. Sogar die Feuerwehr war nicht auf dem **Laufenden** und bezahlte den Einsatz mit dem Leben ihrer Leute. Indem sie Wasser auf die explosiven Chemikalien spritzte, verschlimmerte sie den Brand noch um ein **Vielfaches**. Im **Großen** und **Ganzen** war jeder denkbare Fehler auch gemacht worden. (142)
Die **Leidtragenden** dieser Versäumnisse waren wie so oft die **Unschuldigen**. Die Bewohner in der Nachbarschaft hatten nicht im **Entferntesten** die Gefahr geahnt, in der sie lebten. (168)
Die tief erschütterte Königin konnte bei der Besichtigung der Unglücksstelle auch nichts **Tröstlicheres** sagen als: „Es tut mir Leid." (187)

Mögliche Vorgaben: Enschede, Katastrophe, explosiv, Chemikalien

 Prüfmethode für Schülerinnen und Schüler: Nomen bestimmen
Oft könnt ihr nominalisierte Adjektive an ihren Begleitern erkennen.
Beispiele: die Letzten, im (= in dem) Folgenden, etwas Neues, nichts Schöneres, …

84 Wörter, die großgeschrieben werden

**ÜG Übungsschwerpunkt: Nominalisierte Adjektive
Ordnungszahlen**

Hinweis für die Schülerinnen und Schüler vor dem Diktat
Achtet darauf, dass nominalisierte Adjektive großgeschrieben werden. Dies gilt auch für Ordnungszahlen. Beispiel: Ich war der Zehnte.

Erster am Südpol
Der Südpol zählte zu Beginn des letzten Jahrhunderts zu den letzten noch unerforschten Gebieten der Erde. Ihn als **Erster** zu entdecken(,) galt als großartige Leistung, die den eigenen Ruhm und den des Herkunftslandes mehren würde.
Als einer der **Ersten** hatte dies der wagemutige Engländer Robert Scott erkannt(,) und er bereitete eine Expedition vor. Als er im Jahr 1911 am Rande des Eisfeldes landete, musste er allerdings bald feststellen, dass er nicht der **Einzige** war. Auch der Norweger Roald Amundsen war unterwegs zum Südpol. Ein Wettlauf begann. Keiner wollte der **Zweite** sein, denn das bedeutete gleichzeitig(,) der **Letzte**, der Verlierer, zu sein. Die bessere Vorbereitung verschaffte Amundsen einen beträchtlichen Zeitvorsprung(,) und so erreichte er als **Erster** den Südpol. Scott und seine Männer kamen zu spät. (127)
Die Tatsache(,) nur **Zweiter** zu sein(,) war eine furchtbare Enttäuschung. Dies und der sehr früh einsetzende Winter schwächte die Männer auf dem Rückmarsch sehr. Sie erreichten ihr Basislager nicht mehr und erfroren unterwegs. (160)

Mögliche Vorgaben: Robert Scott, Roald Amundsen

Prüfmethode für Schülerinnen und Schüler: Nomen bestimmen
Oft könnt ihr nominalisierte Adjektive an ihren Begleitern erkennen.
Beispiel: die Letzten.
Manchmal müsst ihr umformulieren und prüfen, ob in dem Satz ein Begleiter eingefügt werden kann.
Beispiel: als Zehnter (→ als der Zehnte).

Wörter, die großgeschrieben werden

 Übungsschwerpunkt: Kleinschreibung nominalisierter Zahladjektive als Ausnahme: viel, wenig, eine, andere

Hinweis für die Schülerinnen und Schüler vor dem Diktat
Achtet auf die Ausnahme, dass einige Zahladjektive kleingeschrieben werden, auch wenn sie einen Begleiter oder ein anderes Kennzeichen eines Nomens haben.
Beispiel: Die wenigsten glaubten an den Sieg dieser Mannschaft.

Die Menschenrechte sind universal
Als vor über 50 Jahren die Vereinten Nationen die allgemeinen Menschenrechte verkündeten, war den **meisten** der Unterzeichnerstaaten nicht klar, welche Dynamik diese Erklärung einmal entwickeln würde. Während die **einen** bei der Unterschrift die Beseitigung der Kolonialherrschaft im Blick hatten, dachten die **anderen** an die Verhinderung großer Verbrechen wie dem Holocaust. Die **wenigsten** haben damals in Erwägung gezogen, dass ihnen diese Rechte von der eigenen Bevölkerung einmal als Spiegel für eine gute Politik vorgehalten werden könnten.
Dennoch geschieht dies heute in vielen Ländern. Das setzt unter **anderem** voraus(,) die Existenz dieser Rechte jedermann bekannt zu machen. Dies ist zum **einen** nur durch ein Mehr an Bildung, zum **anderen** durch die Arbeit von Kirchen und Menschenrechtsorganisationen möglich. Mit deren Unterstützung ist aus den anfangs **wenigen** mittlerweile ein Heer von **vielen** geworden, die sich ihre Rechte nicht mehr nehmen lassen wollen. (142)
Doch noch immer ist der **eine** oder **andere** bei der Einforderung seiner Rechte großen Gefahren ausgesetzt. Und selbst Länder, die in der Öffentlichkeit gerne als Hüter der Menschenrechte auftreten, müssen sich sagen lassen, dass auch sie viele Rechtsnormen nicht einhalten. (182)

Mögliche Vorgaben: Dynamik, Kolonialherrschaft, Holocaust

 Prüfmethode für Schülerinnen und Schüler: Einprägen
Die Adjektive viel/meiste, wenig/wenigste, eine und andere schreibt man klein, auch wenn sie wie Nomen gebraucht werden.
Beispiele: Die meisten glaubten nicht an diese Wirkung.
Als Erster kam Siggi ins Ziel, die anderen waren weit abgeschlagen.

86 Wörter, die großgeschrieben werden

ÜG Übungsschwerpunkt: Mehrteilige Eigennamen

Hinweis für die Schülerinnen und Schüler vor dem Diktat
Achtet darauf, dass Eigennamen großgeschrieben werden. Manchmal gehören auch Adjektive zu den Namen. Beispiel: die Oberrheinische Tiefebene.

Der Erdkundeunterricht
Eine Europakarte hängt im Klassenraum. Jedem ist klar, dass heute wieder die Stunde mit dem Vier-Ecken-Raten beginnt. Vier Schüler stellen sich auf, jeder in einer Ecke. Wer sich auf ein Stichwort des Lehrers zuerst meldet und an der Karte den Ort richtig zeigt, darf sich setzen und hat für seine Gruppe einen Punkt gewonnen.
Der Lehrer beginnt mit der **Deutschen Bucht**, fragt anschließend nach der **Norddeutschen Tiefebene** und wechselt dann zur **Kieler Förde**. Die Ersten, die die gesuchten Begriffe richtig auf der Karte gezeigt haben, können sich setzen(,) und die Nächsten treten an ihre Stelle. Mittlerweile hat das Ratespiel Deutschland verlassen. Gesucht sind nun das **Schwarze Meer**, das **Pariser Becken** oder auch die **Iberische Halbinsel**. (117)
So geht die erste Viertelstunde des Unterrichts schnell herum(,) und nicht wenige der Schüler sind mächtig ins Schwitzen geraten. Nachdem der Letzte die Grenze der früheren **Deutschen Demokratischen Republik** gezeigt hat, ist der Lehrer zufrieden und kommt zum eigentlichen Thema. (157)

Mögliche Vorgabe: das Vier-Ecken-Raten

Prüfmethode für Schülerinnen und Schüler: Eigennamen erkennen
Manchmal gehören Adjektive zu einem Eigennamen. Dann werden sie großgeschrieben.
Beispiel: das Deutsche Rote Kreuz.
Wörter auf -er, die von einem geografischen Namen abgeleitet sind, schreibt man immer groß.
Beispiel: der Kieler Hauptbahnhof.

Wörter, die großgeschrieben werden

ÜA Übungsschwerpunkt: Mehrteilige Eigennamen

Hinweis für die Schülerinnen und Schüler vor dem Diktat
Achtet darauf, dass Eigennamen großgeschrieben werden. Manchmal gehören auch Adjektive zu den Namen. Beispiel: der Zweite Weltkrieg.

Der Westfälische Frieden
Als 1648 der **Dreißigjährige Krieg** endete, war eine Katastrophe vorbei, deren Auswirkungen in Deutschland noch hundert Jahre später zu spüren waren. Der Friedensschluss von Münster und Osnabrück, wegen der geograph(f)ischen Lage der beiden Städte auch der **Westfälische Frieden** genannt, schuf im **Deutschen Reich** eine neue politische Situation. Die deutschen Fürsten hatten nun die Macht, während der Einfluss des Kaisers des **Heiligen Römischen Reiches Deutscher Nation** geringer wurde.
Auch die Grenzen zwischen den beiden großen Konfessionen, den Protestanten und der katholischen Kirche, waren klar abgesteckt worden. Für den **Heiligen Vater**, wie der Papst in Rom genannt wurde, war die Anerkennung der Lehren Martin Luthers allerdings eine Niederlage. Zwar beriefen sich auch die Protestanten auf die **Heilige Schrift**, aber die Autorität des Papstes in Glaubensfragen war infrage (in Frage) gestellt. (131)
Erst heute schaffen es die beiden Kirchen, gemeinsam ihre Vergangenheit aufzuarbeiten. Zum Reformationstag 1999 verkündeten sie in Augsburg ein gemeinsames Toleranzgebot. Der Ort dafür war nicht zufällig gewählt. In dieser Stadt war schon 1555 der **Augsburger Religionsfrieden** beschlossen worden. Nun ist es an der Zeit, den Dialog mit den anderen Weltreligionen aufzunehmen. (183)

Mögliche Vorgaben: Münster, Osnabrück, Luther, Katastrophe, katholisch, Augsburg

Prüfmethode für Schülerinnen und Schüler: Eigennamen erkennen
Manchmal gehören Adjektive zu einem Eigennamen. Dann werden sie großgeschrieben.
Beispiel: das Deutsche Rote Kreuz.

88 Wörter, die großgeschrieben werden

ÜG Übungsschwerpunkt: Zeitangaben

Hinweis für die Schülerinnen und Schüler vor dem Diktat
In diesem Text kommen verschiedene Zeitangaben vor. Sie werden manchmal als Nomen gebraucht und dann großgeschrieben. Adverbial gebraucht werden sie kleingeschrieben.
Beispiel: der Morgen, aber: morgen, morgens.

Die Ferien beginnen
Endlich ist es so weit: Die Sommerferien sind angebrochen. Am letzten **Donnerstag** hat es Zeugnisse gegeben. Am kommenden **Montag** will die Familie mit dem Wagen nach Frankreich fahren.
Weil so viel vorzubereiten ist, haben die Eltern ihre Kinder gebeten(,) bis **Sonntagmittag** ihre Sachen zusammenzupacken. Damit ist aber noch nicht alles erledigt. Sie meinen: „Wenn wir **morgen** früh (Früh) starten, müssen wir für unterwegs etwas zu essen mitnehmen. Frühestens **übermorgen**, also **Dienstagmittag** werden wir auf unserem Campingplatz ankommen. Während des gesamten Tages haben wir kaum Gelegenheit(,) etwas einzukaufen." (89)
Auch das Kaninchen der Tochter muss versorgt werden. Also schreiben die Kinder dem Nachbarn einen Zettel: „Lieber Herr Herzberg, unser Löffelohr bekommt immer **morgens** und **abends** sein Futter. Am **Mittag** kann er nach draußen in den Garten gesetzt werden. Der Käfig muss **mittwochs** und **samstags** gesäubert werden. Am meisten freut sich das Tier, wenn es **am Morgen** mit Löwenzahn gefüttert wird. Wenn wir in Frankreich angekommen sind, werden wir gleich am ersten **Abend** anrufen und fragen, wie es dem Kaninchen geht." (170)

Prüfmethode für Schülerinnen und Schüler: Nomen bestimmen
Überprüft, ob die Zeitangabe ein Nomen ist. Dann müsst ihr sie großschreiben.
Beispiele: der frühe Morgen, guten Morgen, am Mittwochmorgen.
Schreibt Zeitangaben klein, wenn sie keine Nomen sind.
Beispiele: gestern, mittwochmorgens, morgen (am folgenden Tag).

Wörter, die großgeschrieben werden — 89

ÜA Übungsschwerpunkt: Zeitangaben

Hinweis für die Schülerinnen und Schüler vor dem Diktat
In diesem Text kommen verschiedene Zeitangaben vor. Sie werden manchmal als Nomen gebraucht und dann großgeschrieben. Adverbial gebraucht werden sie kleingeschrieben.
Beispiel: der Morgen, aber: morgen, morgens.

Termine, Termine
„Katja Hülsmann am Apparat."
„Hallo Katja, hier ist Anja. Guten **Morgen**. Sag mal, hast du Lust, **morgen Nachmittag** mit mir schwimmen zu gehen?"
„Eine gute Idee, aber **montags** kann ich nicht. Da hab ich Tischtennis-AG."
„Dann geht's vielleicht am **Dienstagabend**? Da ist das Bad doch bis 20 Uhr geöffnet."
„Nein, tut mir Leid, **dienstags** ginge eigentlich schon, aber **übermorgen** muss ich auf meinen kleinen Bruder aufpassen. Da gehen meine Eltern kegeln."
„Und **Mittwochnachmittag**? Oder **Donnerstag**?"
„Tja, also **mittwochnachmittags** habe ich doch Eishockey, und **donnerstags** gehe ich reiten. Und **freitags** ist es auch schlecht, weil ich **mittags** bei meiner Oma esse, und **nachmittags** gehe ich zur Tanzstunde."
„Dann gehen wir eben **Samstag**. Am **Samstag** hast du doch Zeit, oder?"
„Na ja, weißt du, **morgens** schlafe ich aus, **nachmittags** helfe ich meiner Mutter(,) und **abends** gehe ich auf die Party im Jugendk(c)lub. Da war ich **gestern Abend** auch. Du musst unbedingt mal mitkommen."
„Dann gehen wir eben jetzt gleich. Los, pack den Badeanzug ein."
„Jetzt gleich? Das ist eine gute Idee. Mir ist **sonntags** immer so furchtbar langweilig."
(179)

Mögliche Vorgaben: Katja Hülsmann, Anja, Apparat, Eishockey

Prüfmethode für Schülerinnen und Schüler: Nomen bestimmen
Überprüft, ob die Zeitangabe ein Nomen ist. Dann müsst ihr sie großschreiben.
Beispiele: der frühe Morgen, guten Morgen, am Mittwochmorgen.
Schreibt Zeitangaben klein, wenn sie keine Nomen sind.
Beispiele: gestern, mittwochmorgens, morgen (am folgenden Tag).

90 Wörter, die großgeschrieben werden

ÜG Übungsschwerpunkt: Anredepronomen Sie, Ihr usw.

Hinweis für die Schülerinnen und Schüler vor dem Diktat
Wenn ihr euch schriftlich an jemanden wendet, z. B. in Briefen und Bewerbungen, müsst ihr beachten: Die Anredepronomen Sie, Ihr, Ihre usw. schreibt man groß.

Eine Bewerbung
In der achten Klasse steht das Betriebspraktikum an(,) und noch herrscht eine gewisse Unsicherheit, wie sich jeder Einzelne um eine Stelle bewerben soll.
Gemeinsam mit dem Lehrer überlegt die Klasse ein allgemeines Schreiben, das jedem helfen soll:

Sehr geehrte Damen und Herren,
in diesem Sommer ist in unserer Klasse das Betriebspraktikum vorgesehen. Ich möchte mich bei **Ihnen** um einen Praktikumsplatz bewerben.
Ich habe schon von älteren Mitschülern gehört, dass **Sie** und **Ihre** Mitarbeiter interessierten Schülern nicht nur einen einzelnen Beruf, sondern unterschiedliche Bereiche in **Ihrem** Betrieb zeigen. Deshalb glaube ich(,) die Zeit bei **Ihnen** sinnvoll nutzen zu können. Mit meinem Interesse für moderne Technik und Datenverarbeitung werde ich in **Ihrem** Betrieb bestimmt viel lernen können.
Ich würde mich sehr freuen, wenn **Sie** meine Bewerbung berücksichtigen würden und ich im Sommer zu **Ihnen** kommen könnte. Zu **Ihrer** Information habe ich noch den Anmeldebogen meiner Schule beigefügt.
Für Rückfragen stehe ich **Ihnen** gern zur Verfügung.
Mit freundlichen Grüßen (158, ohne Einleitung: 121)

Mögliche Vorgabe: Praktikum

Prüfmethode für Schülerinnen und Schüler
Überprüft, ob ihr das Anredepronomen „Sie" und die abgeleiteten Formen „Ihr, Ihnen" usw. immer großgeschrieben habt.

Wörter, die großgeschrieben werden

KG Übungsschwerpunkt: Gemischte Übung

Hinweis für die Schülerinnen und Schüler vor dem Diktat
Achtet darauf, dass alle Nomen großgeschrieben werden. Auch Wörter anderer Wortarten werden großgeschrieben, wenn sie in einem Satz als Nomen gebraucht werden.
Beispiele: die Tasse, der Zufall, das Kleinste, beim Schwimmen.

Eine Einsteinanekdote
Eine schöne **Anekdote** über den weltberühmten **Physiker Albert Einstein** berichtet, dass dieser von einem **Chauffeur** zu seinen zahlreichen **Vorträgen** und **Reden** gefahren wurde. Das **Fahren** erschien dem **Nobelpreisträger** als zu anstrengend zusätzlich zum **Vortragen**. Der **Fahrer** wartete aber nicht im **Auto**, sondern folgte ihm in den **Vortragsraum** und hörte sich die **Ausführungen** immer wieder aufmerksam an.
Eine dieser **Vortragsreisen** führte die beiden zu einer **Gesellschaft**, wo das Ansehen **Einsteins** zwar groß, sein **Aussehen** aber unbekannt war. Da kam der **Physiker** auf die **Idee**(,) seine **Rolle** mit dem **Chauffeur** zu tauschen. Der **Vortrag** des **Fahrers** war brillant(,) und es herrschte ein geradezu andächtiges **Schweigen**. (105)
Doch dann meldete sich ein **Wissenschaftler** zu **Wort** und fragte: „Sind **Sie**, sehr verehrter **Herr Kollege**, mit mir der **Meinung**, dass mit dem **Urknall** der **Wandel** von der **Materie** zur **Metaphysik** begann?" Nach einem kurzen **Moment** des **Überlegens** antwortete der **Chauffeur**: „Ich finde diese **Frage** so einfach, dass ich sie auch von meinem **Fahrer** beantworten lassen kann." (162)

Mögliche Vorgabe: Anekdote, Chauffeur, Nobelpreis, brillant, Materie, Metaphysik

Prüfmethode für Schülerinnen und Schüler: Nomen bestimmen
Prüft, bei welchen Wörtern es sich um Nomen handelt. Nomen und Nominalisierungen schreibt ihr groß.

Wörter, die großgeschrieben werden

KG Übungsschwerpunkt: Gemischte Übung

Hinweis für die Schülerinnen und Schüler vor dem Diktat
Achtet darauf, dass alle Nomen großgeschrieben werden. Auch Wörter anderer Wortarten werden großgeschrieben, wenn sie in einem Satz als Nomen gebraucht werden.
Beispiele: die Tasse, der Zufall, das Kleinste, beim Schwimmen.

Die Märchen der Gebrüder Grimm
Wer von uns kennt nicht die **Märchen** der **Brüder Jacob** und **Wilhelm Grimm**, die am **Anfang** des vorletzten **Jahrhunderts** lebten. Viele glauben bis heute, dass sich die beiden **Brüder** die **Märchen** selbst ausgedacht, ja dass die beiden **Männer** die **Gattung Märchen** selbst erfunden hätten. Der **Verdienst** der beiden besteht aber im **Sammeln** der teilweise recht alten **Erzählungen**, welche sie zusätzlich noch(,) um sie für **Kinder** erträglicher zu machen(,) von den blutrünstigsten **Teilen** befreiten. Das **Aufschreiben** dieser bis dahin nur mündlich überlieferten **Geschichten** sorgte außerdem dafür, dass dieses **Kulturgut** nicht so leicht verloren gehen konnte. Die sehr umfangreiche **Sammlung**, die im **Laufe** der **Jahre** zusammenwuchs, wurde zu ihrem bekanntesten **Werk**. (114)
Die wenigsten wissen allerdings, dass neben dem **Sammeln** von **Märchen** vor allem **Jacob Grimm** durch eine umfassende **Untersuchung** der germanischen **Sprachen** den **Grundstock** für die heutige **Sprachwissenschaft** gelegt hat. (144)
Er bewies nicht nur die **Verwandtschaft** der germanischen und indogermanischen **Sprachen**, er fand zusätzlich noch viele **Gesetzmäßigkeiten** in der **Entwicklung** der deutschen **Sprache**. (166)

Mögliche Vorgaben: Jacob Grimm, indogermanisch

Prüfmethode für Schülerinnen und Schüler: Nomen bestimmen
Prüft, bei welchen Wörtern es sich um Nomen handelt. Nomen und Nominalisierungen schreibt ihr groß.

Wörter, die großgeschrieben werden 93

KA Übungsschwerpunkt: Gemischte Übung

Hinweis für die Schülerinnen und Schüler vor dem Diktat
Achtet darauf, dass alle Nomen großgeschrieben werden. Auch Wörter anderer Wortarten werden großgeschrieben, wenn sie in einem Satz als Nomen gebraucht werden.
Beispiele: die Tasse, der Zufall, das Kleinste, beim Schwimmen.

Die erste Fahrt im Ballon
Noch nie in meinem **Leben** habe ich so etwas **Schönes** erlebt wie die **Fahrt** in einem **Heißluftballon**. Oftmals hatte ich die bunten **Kugeln** am **Himmel** gesehen und mir vorgestellt, wie man als im **Luftstrom Treibender** die **Welt** unter sich vorbeiziehen sieht. Endlich, nach zahlreichen **Verschiebungen** wegen der **Ungunst** des **Wetters**, war es so weit. Wir starteten noch am späten **Nachmittag**. Je höher wir stiegen, desto lichter wurde das **Grün** der **Wiesen**. Der **Reiz** des **Unbekannten**, das **Gefühl** der **Schwerelosigkeit** ließ alle **Aufregung** vergessen. **Angst** verspürte keiner, eher die **Sorge**, dass das **Vergnügen** vorzeitig zuende (zu **Ende**) gehen könnte. Mehr als neunzig **Minuten** fuhren wir durch das lichte **Blau** des **Himmels**. (115)
Erst als der **Ballonführer** zum **Horizont** zeigte, sahen wir, dass die drückende **Schwüle** sich in einem **Gewitter** entladen würde. Trotzdem gab es keine **Hektik** oder **Unruhe**, denn **Hetzerei** führt nur zu **Problemen**(,) und für **Unbesonnenheit** gibt es an **Bord** eines **Ballons** keinen **Platz**. (156)
Jenseits einer **Autobahn** hatten wir das **Glück**(,) eine freie **Wiese** zu finden, bevor das **Wetter** uns zu **Gejagten** machte. Die **Landung** war für den erfahrenen **Ballonführer** reine **Routine**. (184)

Mögliche Vorgaben: Ballon, Routine, Hektik

Prüfmethode für Schülerinnen und Schüler: Nomen bestimmen
Prüft, bei welchen Wörtern es sich um Nomen handelt. Nomen und Nominalisierungen schreibt ihr groß.

94 Wörter, die zusammengeschrieben werden

O G Übungsschwerpunkt: Gemischte Übung

Hinweis für die Schülerinnen und Schüler vor dem Diktat
Achtet auf Wörter, die aus mehreren Wörtern zusammengesetzt sind. Sie werden zusammengeschrieben.
Beispiele: das Ballspielen, zusammensetzen, hellgrün, insofern.

Für praktisch Interessierte: Zutaten für eine Hautcreme

Fettphase (Vorrat):	**Zusätze:**
25 g Tegomuls 90S[1]	3–4 Tropfen Parfüm nach Wahl
60 g gutes Speiseöl, z. B. Distelöl	20 Tropfen Kräuterextrakt
20 g Kakaobutter	(z. B. aus Ringelblume oder Kamille)
wässrige Phase:	Alle Zutaten sind in Apotheken oder Naturwarenläden
30 g destilliertes Wasser	erhältlich.

[1] lebensmittelgeeigneter Emulgator, um Fett und Wasser dauerhaft zu vermischen

Rezept: Eine selbst gerührte Hautcreme (Hautkrem)
Eine gute Hautcreme (Hautkrem) wirkt **feuchtigkeitsspendend** und **rückfettend**. Wie der natürliche Schutzmantel der Haut besteht sie aus einem Gemisch **fett- und wasserlöslicher** Stoffe.
Zunächst wird der **fetthaltige** Grundstoff, die so genannte Fettphase, hergestellt. Alle Zutaten dafür werden in ein Marmeladenglas gegeben und im Wasserbad auf 70 bis 80 °C (70–80°C) erhitzt. Anschließend werden sie unter **wiederholtem** Rühren wieder abgekühlt. Dieser Grundstoff lässt sich **monatelang** im Kühlschrank aufbewahren.
Die **gebrauchsfertige** Creme (Krem) ist dagegen nicht lange haltbar. Deshalb werden jeweils nur kleinere Portionen für die kommenden 8 bis 14 (8–14) Tage fertig gestellt. **Hierzu** erhitzt man ein Glas mit 10 g der bereits vorbereiteten Fettphase und ein Glas mit 30 g destilliertem Wasser im Wasserbad auf etwa 75°C. Dann gießt man unter ständigem Rühren das Fett zuerst **tropfenweise**, später in einem feinen Strahl in das Wasser. **Ausschlaggebend** für eine gute Creme (Krem) ist das ununterbrochene **Weiterrühren** während des Abkühlens. In diesem Arbeitsgang kann man je nach Geschmack 3 bis 4 (3–4) Tropfen Parfüm **hinzugeben**. (174)
Eine heilende Wirkung erzielt man, wenn man jetzt etwa 20 Tropfen **Ringelblumen-** oder **Kamillenextrakt** dazugibt. Eine selbst gerührte Sonnenschutzcreme erhält man durch Zugabe eines Stoffes, der als **UV-Filter** wirkt. (196)

Mögliche Vorgaben: Creme (Krem), Phase, Kamille, Extrakt

Prüfmethode für Schülerinnen und Schüler
Überprüft, welche Wörter zusammengeschrieben und welche getrennt geschrieben werden. Benutzt dazu auch das Wörterbuch. Stellt Prüfmethoden zusammen.

Wörter, die zusammengeschrieben werden   95

TA **Übungsschwerpunkt: Gemischte Übung**

Hinweis für die Schülerinnen und Schüler vor dem Diktat
Achtet in diesem Diktat auf Wörter, die aus mehreren Wörtern zusammengesetzt sind. Sie werden zusammengeschrieben. Nicht immer ist es leicht zu entscheiden, ob getrennt oder zusammengeschrieben werden muss.
Beispiele: zusammensetzen, hellgrün, leuchtend gelb.

Zusammensetzung oder Wortgruppe?
Das Wort „**zusammenschreiben**" schreibt man zusammen, die Wörter „getrennt schreiben" werden getrennt geschrieben. Das ist aber nicht mehr als ein netter Zufall. **Irreführend** wäre es zu glauben, die Wortbedeutung würde **weiterhelfen**, wenn man Probleme der **Getrennt- oder Zusammenschreibung** klären möchte.
Die Grundregel ist eigentlich einfach: Zusammensetzungen sind **zusammenzuschreiben**, während in Wortgruppen die Wörter getrennt geschrieben werden. Nicht so leicht zu klären ist aber manchmal die Frage, ob man ein **zusammengesetztes** Wort vor sich hat oder eine Gruppe aus nebeneinander stehenden Einzelwörtern. Dabei helfen grammatische Tests, man muss sich aber auch einige Sonderregelungen **einprägen**. (96)
Beispielsweise gehört der Zusatz „zusammen" zu einer Liste von einzuprägenden Verbzusätzen, die mit allen Verben **zusammengeschrieben** werden. „Getrennt" hingegen ist ein Partizip und wird immer vom Verb getrennt geschrieben. (125)
Glücklicherweise schreibt man in einer Vielzahl der Fälle bereits **gefühlsmäßig** richtig(,) und **zweifelsohne** sind Lehrer und Ausbilder bei Fehlern gnädiger gestimmt, die sie selber erst im Wörterbuch **nachschlagen** müssen. (155)

Mögliche Vorgabe: Partizip

Prüfmethode für Schülerinnen und Schüler
Überprüft, welche Wörter zusammengeschrieben und welche getrennt geschrieben werden. Benutzt dazu auch das Wörterbuch.
Stellt Prüfmethoden zusammen, mit deren Hilfe ihr die richtige Schreibweise finden könnt.

96 Wörter, die zusammengeschrieben werden

ÜG Übungsschwerpunkt: Zusammengesetzte Nomen und Nominalisierungen

Hinweis für die Schülerinnen und Schüler vor dem Diktat
Achtet auf zusammengesetzte Nomen und zusammengesetzte Nominalisierungen. Sie werden zusammengeschrieben.
Beispiele: die Gemüsesuppe, das Mittagessenkochen.

Hausordnung
Zur **Sicherstellung** eines glücklichen **Zusammenlebens** gilt folgende **Hausordnung**: Alle Mieter sind zur gegenseitigen **Rücksichtnahme** und zu pfleglichem Umgang mit allen **Gebäudeteilen** und **Hofanlagen** verpflichtet. Insbesondere ist die **Treppenhausreinigung** einschließlich **Fensterputzen** wöchentlich durchzuführen. Das **Wäschetrocknen** ist nur im **Trockenraum** erlaubt, **Teppichklopfen** ausschließlich am letzten Dienstag jeden Monats auf der dafür vorgesehenen **Teppichstange**. Die Mieter sind im Winter zum **Schneeschieben** und im Sommer zum **Rasenmähen** verpflichtet.
Auf den Balkonen ist das **Feuermachen** strengstens verboten(,) und **Blumengießen** erst nach **Sonnenuntergang** und bei **Vorhandensein** entsprechender **Wasserauffangvorrichtungen** gestattet. (76)
Jegliches **Radfahren** auf den **Gehwegen** und **Ballspielen** auf den **Rasenflächen** ist zu unterlassen. Im Interesse der **Mittagsruhe** ist **Kindergeschrei** zwischen dreizehn (13) und fünfzehn (15) Uhr nicht erwünscht. **Klavierspielen**, **Musikhören** oder **Fernsehen** über **Zimmerlautstärke** gilt als **Ruhestörung** und ist nach achtzehn (18) Uhr polizeilich verboten. Gleiches gilt für nächtliches **Babyschreien**.
Ein **Nichtbeachten** dieser **Hausordnung** gilt als **Kündigungsgrund**. (138)

Prüfmethode für Schülerinnen und Schüler
Prüft, bei welchen Wörtern es sich um Nomen handelt. Nomen und Nominalisierungen werden immer zusammengeschrieben.
Beispiel: Ich möchte Fußball spielen. Das Fußballspielen macht mir Spaß.

Wörter, die zusammengeschrieben werden   97

ÜG Übungsschwerpunkt: Zusammengesetzte Verben
trennbare und untrennbare Bestandteile

Hinweis für die Schülerinnen und Schüler vor dem Diktat
Beachtet, dass Verben mit bestimmten Zusätzen feste Zusammensetzungen bilden.
Beispiele: weglaufen, herunterholen, hintenüberfallen, hinterlegen.

Informationen aus dem Internet?
Die einen werden nicht müde(,) auf die Informationsfülle im Internet **hinzuweisen**. Andere versuchen(,) davor zu warnen, alles zu glauben, was dort steht. Denn im weltweiten Datennetz kann jeder veröffentlichen, was er will. Eine wirkliche Qualitätskontrolle kann nicht **stattfinden**.
Wenn eine Zeitung falsch informiert, werden ihr mit der Zeit die Leser davonlaufen. Bücher werden von Redakteuren **durchgesehen** und **überprüft**, bevor sie **herausgegeben** werden. Im Internet muss sich der Nutzer allein **zurechtfinden**. Für ihn stellt sich das Problem(,) aus der Fülle der Anbieter die zuverlässigen Quellen **herauszufiltern**.
Nachrichtensender, Zeitungen, öffentliche und private Institutionen haben ihren guten Ruf zu verlieren, wenn sie auf ihren Internet-Seiten (Internetseiten) falsch informieren. Sie sind daher oft zuverlässige Anbieter. Auf ihren Seiten findet man meist auch das Datum der letzten Aktualisierung und eine Quellenangabe. Allerdings sollte man sich bei allen Angeboten **überlegen**, ob wirtschaftliche Interessen des Anbieters mit seinen Informationen **zusammenhängen**. (148)
Nur wer Informationen aus dem Internet kritisch **hinterfragt**, kann Fehler vermeiden. Daran sollten auch Schülerinnen und Schüler denken, die sich Hausaufgaben oder Referate aus dem Internet **herunterladen**. (175)

Mögliche Vorgaben: Qualität, Redakteur, privat, Institution

Prüfmethode für Schülerinnen und Schüler
Verben mit einem nicht abtrennbaren Bestandteil bilden ein einziges Wort. Sie werden immer zusammengeschrieben.
Beispiele: langweilen → er langweilt sich (nicht: er weilt sich lang).
Andere Bestandteile können abgetrennt werden, wenn man den Satz umstellt. Diese Bestandteile sind im Wörterbuch aufgelistet. Ihr müsst sie euch merken oder in der Liste nachschauen.
Beispiele: mitkommen (mitzukommen, mitgekommen) → Sie kommt mit.
drauflosreden (drauflosezureden, drauflosgeredet) → Sie redet drauflos.
Schreibt alle Wortgruppen mit „sein" getrennt. Beispiele: da sein, dafür sein.

98 Wörter, die zusammengeschrieben werden

ÜG Übungsschwerpunkt: Einfaches Adjektiv + Verb

Hinweis für die Schülerinnen und Schüler vor dem Diktat
Achtet darauf, dass Zusammensetzungen aus einfachem Adjektiv und Verb zusammengeschrieben werden.
Beispiele: schwarzfahren, bloßstellen.

Wasserrutschen – ein neuer Wettkampfsport
Nach seinem Sieg lässt sich der Deutsche Meister im Wasserrutschen überreden(,) einige Geheimnisse seiner Rutschtechnik **kundzutun**. Wie bei jeder Sportart muss man sich gut warm machen, bevor man sich am Start **bereithält**. Dort muss man sich zuerst an der Startstange **festhalten**(,) um sich beim Startschuss kräftig abdrücken zu können.
Am schnellsten rutscht man, wenn man die Kontaktfläche zwischen Körper und Rutschbahn möglichst gering hält. Dazu kann man das Gesäß hoch drücken und nur auf den Fersen und den Schulterblättern rutschen. Andere ziehen es vor, sitzend zu rutschen und die Beine übereinander zu schlagen. Der Kopf wird auf jeden Fall hoch gehalten(,) und die Arme sind hinter ihm verschränkt. Obwohl leicht fettige Haut der Schnelligkeit zustatten kommt, ist es nicht erlaubt, sich mit fetthaltigen Cremes (Krems) dick einzuschmieren(,) um zusätzlich Zeit **gutzumachen**. (135)
Man muss eben Talent haben und viel trainieren(,) um ganz vorne dabei zu sein. Das versichert uns der Sieger, der freudig lacht, als er von dannen zieht. Sicherlich werden unter den zahlreichen Besuchern der Freizeitbäder noch ungeahnte Talente **brachliegen**. (174)

Mögliche Vorgabe: Creme (Krem)

Prüfmethode für Schülerinnen und Schüler
Zusammensetzungen aus einem einfachen Adjektiv und einem Verb bilden ein einziges Wort. Beispiele: fernsehen, bloßstellen, schwarzfahren.
Manchmal ist es jedoch nicht leicht, zu erkennen, wann es sich um ein „einfaches" Adjektiv handelt. Getrennt schreibt ihr, wenn
- das Adjektiv in dieser Verbindung steigerbar oder erweiterbar ist.
Beispiele: nahe stehen (näher stehen), grün streichen (leuchtend grün streichen).
- das Adjektiv auf -ig, -isch oder -lich endet.
Beispiele: übrig lassen, heimisch werden, lächerlich machen.
- das Adjektiv ein Partizip ist.
Beispiele: spielend lernen, getrennt schreiben, verloren gehen.
- der erste Bestandteil ein Verb oder ein zusammengesetztes Adverb ist.
Beispiele: stehen lassen, spazieren gehen, beiseite legen, überhand nehmen, zuteil werden.

Wörter, die zusammengeschrieben werden

ÜA Übungsschwerpunkt: Einfaches Adjektiv + Verb

 Hinweis für die Schülerinnen und Schüler vor dem Diktat
Achtet darauf, dass Zusammensetzungen aus einfachem Adjektiv und Verb zusammengeschrieben werden. Beispiele: schwarzfahren, bloßstellen.

Tapetenwechsel
Du brauchst einen Tapetenwechsel? Schon eine einzige Wand, die farbig gestrichen oder neu tapeziert wird, kann ein ganz anderes Wohngefühl vermitteln. Das reiche Angebot an Mustertapeten oder Fototapeten, die Mauern oder Holzwänden zum Verwechseln ähnlich sehen, lässt die Entscheidung schwer fallen. Hast du dich schließlich auf eine Wand und eine Tapete **festgelegt**, musst du den Bedarf an Kleister und Tapetenrollen(,) ausgehend von den Rollenmaßen für die ganze Wand(,) **hochrechnen**. Auch einen Tapeziertisch, einen Quast und einen Eimer musst du **bereithalten**. (81)
Die alte Tapete kannst du nass machen und nach einer Weile von der Wand herunterziehen. Den Tapetenkleister musst du mit Wasser verrührt ansetzen, quellen lassen und kräftig durchschlagen. Wenn du die Tapetenbahnen etwas länger schneidest, als die Wand hoch ist, kann später nichts schief gehen. Die Bahnen musst du auf dem Tapeziertisch gründlich einkleistern, zusammenlegen und etwa zehn Minuten liegen lassen. Dann wird Bahn für Bahn an der Wand **festgeklebt** und passend abgeschnitten. Schließlich muss die Tapete von der Mitte zu den Rändern gut glatt gestrichen und überall fest angedrückt werden. (172)
Ist alles fertig tapeziert und sauber gemacht, kannst du das Zimmer wieder einrichten. (185)

Mögliche Vorgabe: Quast

 Prüfmethode für Schülerinnen und Schüler
Zusammensetzungen aus einem einfachen Adjektiv und einem Verb bilden ein einziges Wort. Beispiele: fernsehen, bloßstellen, schwarzfahren.
Manchmal ist es jedoch nicht leicht zu erkennen, wann es sich um ein „einfaches" Adjektiv handelt. Getrennt schreibt ihr, wenn
- das Adjektiv in dieser Verbindung steigerbar oder erweiterbar ist.
Beispiele: nahe stehen (näher stehen), grün streichen (leuchtend grün streichen).
- das Adjektiv auf -ig, -isch oder -lich endet.
Beispiele: übrig lassen, heimisch werden, lächerlich machen.
- das Adjektiv ein Partizip ist.
Beispiele: spielend lernen, getrennt schreiben, verloren gehen.
- der erste Bestandteil ein Verb oder ein zusammengesetztes Adverb ist.
Beispiele: stehen lassen, spazieren gehen, beiseite legen, überhand nehmen, zuteil werden.

100 Wörter, die zusammengeschrieben werden

ÜG Übungsschwerpunkt: Nomen + Verb

Hinweis für die Schülerinnen und Schüler vor dem Diktat
Nur ganz wenige Nomen gehen mit Verben eine feste Verbindung ein. Nur diese werden zusammengeschrieben. Beispiele: heimfahren, standhalten.

Auf große Tour
Die Pfingstferien kommen näher. Kerstin und Miriam überlegen(,) ihre Familien zu einer gemeinsamen größeren Fahrradtour zu überreden. Bei einer Tagesfahrt konnten sie schon einmal Maß nehmen, wie es ist, wenn man Strecken plant, Karten liest, stundenlang Rad fährt, verschiedene Orte besucht, Picknick macht und am Ende erschöpft, aber glücklich **heimkehrt**. Auch eine mehrtägige Fahrt würde ihnen bestimmt Spaß machen. Bald ist klar: Bis auf Miriams Bruder wollen alle an einer solchen Tour **teilnehmen**.
An einem Sonntag treffen sich alle Teilnehmer und **wetteifern** mit ihren Planungsideen. Kerstins Eltern schlagen eine Tour durch den Pfälzer Wald vor. Aber dann sehen alle ein, dass Kerstin mit ihrem Einwand Recht hat. Dort gibt es nicht genug Sehenswürdigkeiten, die die Anstrengungen der vielen Berge **wettmachen** könnten. Es ist besser, mit den Kräften **hauszuhalten** (Haus zu halten) und lieber eine Fahrt den Neckar abwärts bis nach Heidelberg zu unternehmen. Außerdem findet man am Fluss entlang sicher den Weg und wird nicht so leicht irregeführt. (158)
Auch eine Packprobe tut Not. Die Taschen und Packsäcke sind nicht so leicht **handzuhaben**.
Am Samstag vor Pfingsten ist es endlich so weit: Sie rollen in den Morgen hinein, einer erlebnisreichen Fahrt entgegen. (191)

Mögliche Vorgaben: Kerstin, Miriam, Picknick, Tour

Prüfmethode für Schülerinnen und Schüler
Nomen und Verb werden getrennt geschrieben.
Beispiele: Auto fahren, Anteil nehmen.
Ganz wenige Nomen sind jedoch eine feste Verbindung mit Verben eingegangen. Diese Wörter müsst ihr euch merken. Schreibt Nomen und Verb immer zusammen, wenn der erste Bestandteil heim-, irre-, preis-, stand-, statt-, teil-, wett- oder wunder- lautet.
Beispiele: preisgeben, standhalten.

Wörter, die zusammengeschrieben werden | 101

ÜG Übungsschwerpunkt: Zusammengesetzte Adjektive einschließlich Partizipien

Hinweis für die Schülerinnen und Schüler vor dem Diktat
Achtet darauf, dass zusammengesetzte Adjektive zusammengeschrieben werden.
Beispiele: blaugrün, halbhoch, angsterfüllt.

Schachbrettartig gemustert?
Schon seit Wochen arbeite ich in Technik an dem **halbhohen** Schrank, den ich meinen Eltern zu Weihnachten schenken will. Fragt sich nur, welche Farbe ihnen gefallen würde. **Rotgrün** gestreift oder **schachbrettartig** gemustert? Dann besorge ich mir am besten fertig gemischte **schwarzweiße** Farbe. **Rotweiß** gestreifte Zahnpasta gibt es ja schließlich auch. Wenn der Schrank richtig gut wird, behalte ich ihn natürlich selbst. Dann muss ich allerdings in die Stadt laufen und **wahnsinnig** viel Geld für Geschenke ausgeben. Das ist für einen **bettelarmen** Schüler wie mich ein echtes Problem. In der letzten Woche habe ich mich schon in den überfüllten Kaufhäusern umgeschaut. Lauter **weißbärtige** Weihnachtsmänner, aber sie verschenken nichts. **Geschäftstüchtig** ziehen sie **leichtgläubigen** Kunden sogar noch das sauer verdiente Geld aus der Tasche, indem sie ihnen Lose oder irgendwelches **blödsinnige** Zeug verkaufen. (132)
Also werde ich den Schrank doch hübsch ordentlich mit **wasserlöslichem**, **umweltfreundlichem** Klarlack bepinseln. (145)

Prüfmethode für Schülerinnen und Schüler
Zusammengesetzte Adjektive werden zusammengeschrieben. Daran könnt ihr sie erkennen:
- Beide Teile sind durch ein s verbunden. Beispiele: segensreich, arbeitswütig.
- Ein Bestandteil kann nicht allein vorkommen. Beispiele: dauerhaft, vielfältig.
- Der erste Bestandteil ist ein einfaches, nicht abgeleitetes Wort.
Beispiele: rotbraun (aber: rötlich braun), knallgelb (aber: leuchtend gelb).
- Der erste Bestandteil ersetzt eine Wortgruppe. Beispiel: angsterfüllt = von Angst erfüllt.
Oft werden Partizipien als Adjektive gebraucht, dann werden sie wie die Verben geschrieben, von denen sie abgeleitet sind.
Beispiele: schnell gewachsen → schnell wachsen,
zusammengewachsen → zusammenwachsen.

102 Wörter, die zusammengeschrieben werden

ÜA Übungsschwerpunkt: Zusammengesetzte Adjektive einschließlich Partizipien

Hinweis für die Schülerinnen und Schüler vor dem Diktat
Achtet darauf, dass zusammengesetzte Adjektive zusammengeschrieben werden.
Beispiele: blaugrün, halbhoch, angsterfüllt.

Tiefblaue Augen
Ina und Gerti sind heute **unternehmungslustig** und wollen sich in der Kunst des virtuellen Flirtens üben. Dazu loggen sie sich in einen Chat ein, wo sich bereits viele **kontaktfreudige** Leute tummeln. Ina und Gerti geben sich einen englisch klingenden Namen und tippen **erwartungsvoll** einige Sprüche in die Tastatur. Die sind so Aufsehen erregend, dass bald darauf ein Romeo antwortet. Er schlägt kurz entschlossen ein Treffen in einem separaten Chatraum (Chat-Raum) vor. Die Mädchen werden richtig aufgeregt. Hin und her geht **tastenklappernd** das Spiel der Fragen und Antworten. Er hat **tiefblaue** Augen und **strohblondes** Haar, ist **superschlank**, geht gerne aus und spielt **atemberaubend** Schlagzeug. Ina und Gerti schummeln ein wenig bei ihrem Alter, geben sich betont **modebewusst** und **tanzfreudig**. Romeo scheint ernsthaft interessiert und hämmert seine Telefonnummer in die Tasten. (131)
Die Mädchen sind noch **unentschlossen**. Doch dann wählt Ina **selbstbewusst** die Nummer. Mit einigen vorher **zurechtgelegten** Sätzen beginnt sie das Gespräch. Dann merkt sie, wie **blauäugig** sie gewesen waren. Der Traumprinz entpuppt sich als **dummdreister** Kerl, der **großspurig** Sprüche klopft. (171)

Mögliche Vorgaben: virtuell, flirten, einloggen, Chat

Prüfmethode für Schülerinnen und Schüler
Zusammengesetzte Adjektive werden zusammengeschrieben. Daran könnt ihr sie erkennen:
- Beide Teile sind durch ein s verbunden. Beispiele: segensreich, arbeitswütig.
- Ein Bestandteil kann nicht allein vorkommen. Beispiele: dauerhaft, vielfältig.
- Der erste Bestandteil ist ein einfaches, nicht abgeleitetes Wort.
Beispiele: rotbraun (aber: rötlich braun), knallgelb (aber: leuchtend gelb).
- Der erste Bestandteil ersetzt eine Wortgruppe. Beispiel: angsterfüllt = von Angst erfüllt.
Oft werden Partizipien als Adjektive gebraucht, dann werden sie wie die Verben geschrieben, von denen sie abgeleitet sind.
Beispiele: schnell gewachsen → schnell wachsen,
zusammengewachsen → zusammenwachsen.

Wörter, die zusammengeschrieben werden | 103

ÜA **Übungsschwerpunkt: Andere Wortarten**

Hinweis für die Schülerinnen und Schüler vor dem Diktat
Zusammensetzungen, deren Bestandteile nicht selbstständig sind, werden zusammengeschrieben.
Beispiele: erstmals (-mals allein nicht möglich), dermaßen (der- hier allein sinnlos).

Renaissance des Briefeschreibens
Bisweilen wird bedauert, die Kultur des Briefeschreibens sei verloren gegangen. Zu Zeiten Goethes und auch noch zu Beginn des vergangenen Jahrhunderts hätten die Menschen in ihren Briefen **einerseits** Nachrichten ausgetauscht, sich darüber hinaus aber auch Gedanken und Gefühle mitgeteilt, die sie bewegten. Überlegt und sorgfältig zu Papier gebracht(,) seien sie sogar **heutzutage** noch lesenswert. Die neuen Kommunikationstechniken jedoch, **insbesondere** das Telefon, das **jedermann jederzeit** zur Verfügung steht, hätte den guten alten Brief verdrängt.
Aber seien wir **einmal** ehrlich. Auch vor hundert (100) Jahren gab es Schreiber und Nichtschreiber. **Keinesfalls** wird heute weniger geschrieben als **seinerzeit**. Seit es E-Mail gibt, erleben wir **geradezu** eine Renaissance des schriftlichen Gedankenaustausches. **Zugegebenermaßen** unterscheiden sich E-Mails von herkömmlichen Briefen. Aber es ist **trotzdem** bezeichnend, dass **oftmals** Schülerinnen oder Schüler, nachdem sie stundenlang in der Schule zusammengesessen haben, sich nach dem Mittagessen erst **einmal** ein paar Zeilen mailen. (145)
Da wird kommentiert, um witzige Formulierungen gerungen und die **gegenseitige** Beziehung ausgehandelt. Zukünftige Kulturkritiker würden ihre Freude daran haben – **sofern irgendjemand** Sicherungsdisketten hinterließe. (168)

Mögliche Vorgaben: Renaissance, Goethe, E-Mail, mailen

Prüfmethode für Schülerinnen und Schüler
Zusammen schreibt ihr feste Fügungen mit Bestandteilen, die nicht selbstständig vorkommen.
Beispiele: erstmals (-mals allein nicht möglich), derweil (der- hier allein sinnlos, -weil ebenso), irgendetwas.
In Zweifelsfällen schreibt ihr getrennt oder vergewissert euch im Wörterbuch.

104 Wörter, die zusammengeschrieben werden

ÜG Übungsschwerpunkt: Zahlwörter

Hinweis für die Schülerinnen und Schüler vor dem Diktat
Beachtet die Schreibweise der Zahlwörter.

Hinweis: Schreibt in diesem Diktat alle Zahlen als Zahlwörter aus (außer Jahreszahlen).

Kabelnetze umspannen die Erde
Moderne Überseekabel verbinden heute alle Kontinente. Sie haben mit den ersten Telegraf(ph)enleitungen über den Atlantik kaum noch etwas gemeinsam. Ein einziges Glasfaserkabel ermöglicht **sieben Millionen fünfhunderttausend** Telefonate gleichzeitig, Internetverbindungen eingeschlossen. Das übertrifft die Leistungsfähigkeit von Satelliten um ein Vielfaches. **Vierzig Milliarden** Lichtblitze pro Sekunde werden durch ein Bündel haarfeiner Glasfasern über den Grund der Ozeane geschickt. Alle **fünfhundert** Kilometer ist ein Verstärker eingebaut, der die Signale auffrischt.
Der Aufwand für ein Seekabel ist enorm. Ein Transatlantikkabel kostet über **zwei Milliarden** Euro, **D(d)utzende** von Firmen arbeiten jahrelang Hand in Hand. Ein Kabelleger, ein Spezialschiff mit **sechstausend** Tonnen Kabeln an Bord, verlegt pro Tag **hundertfünfzig** Kilometer auf dem Meeresgrund. (111)
Im Jahr **2000** war der **dreihundertfünfzigtausendste** Kilometer Seekabel weltweit verlegt, **drei** Jahre später sind es bereits doppelt so viele, mehr als die Entfernung von der Erde bis zum Mond. Explosionsartig verdichtet sich das Netz der Leitungen und kann doch den Bedarf an Ortsgesprächen im globalen Dorf kaum befriedigen. (159)

Mögliche Vorgaben: Satellit

Prüfmethode für Schülerinnen und Schüler
Schreibt Zahlwörter unter einer Million zusammen.
Beispiel: dreihunderttausendvierundachzig.
Zahlwörter über einer Million schreibt ihr getrennt.
Beispiel: zwei Millionen fünftausendundsechs.
Ordnungszahlen werden immer zusammengeschrieben.
Beispiel: der sechsmilliardste Erdenbürger.

Wörter, die zusammengeschrieben werden

ÜG Übungsschwerpunkt: Bindestrich, Ergänzungsstrich

Hinweis für die Schülerinnen und Schüler vor dem Diktat
Beachtet: Bindestriche verbinden Zahlen und Abkürzungen mit anderen Wortteilen.
Beispiel: C-Jugend.
Ergänzungsstriche ersetzen einen Wortteil, den man nicht wiederholen will.
Beispiel: Bus- und Straßenbahnlinien.

Freiwilliges Soziales Jahr
Nach der Schulzeit haben viele junge Leute den Wunsch(,) erst einmal etwas anderes kennen zu lernen als die Schule und einen sinnvollen Beitrag für die Gemeinschaft zu leisten. Das Freiwillige Soziale Jahr eröffnet **17- bis 27-jährigen** jungen Frauen und Männern viele Möglichkeiten(,) sich im sozialen Bereich zu engagieren. In Krankenhäusern, **Alters- und Pflegeheimen, Kindergärten** und **-tagesstätten** ist man dankbar für tatkräftige Mithilfe. Die **FSJ-Jugendlichen** können sogar **EU-weit** eingesetzt werden und so ihren Horizont erweitern. Begleitet wird das FSJ von **Einführungs-, Zwischen- und Abschlussseminaren**, auf denen sich die Jugendlichen treffen und Erfahrungen austauschen können. Bewerben kann man sich beispielsweise bei Caritasbüros (Caritas-Büros), **DRK-Geschäftsstellen** oder direkt bei den Einrichtungen. Die Arbeitszeit der Freiwilligen ist dieselbe wie für die anderen Beschäftigten der Einrichtung, also zum Beispiel eine **38,5-Stunden-Woche**. Die Jugendlichen erhalten für ihre ehrenamtliche Arbeit ein Taschengeld und zumeist freie Unterkunft und Verpflegung. (144)
Bei ihren Tätigkeiten sammeln die jungen Leute wertvolle Erfahrungen und können auch ihre Eignung für einen Beruf überprüfen. Für viele Berufsausbildungen wird das FSJ sogar als Vorpraktikum anerkannt. Als Ersatz für den **Wehr- oder Zivildienst** gilt es allerdings nicht. (183)

Mögliche Vorgaben: engagieren, Caritas, DRK, Zivildienst

Prüfmethode für Schülerinnen und Schüler
Überprüft Zusammensetzungen mit Zahlen und Abkürzungen. Habt ihr Bindestriche gesetzt?
Beispiele: 4-stündig, UV-Licht.
Prüft auch, ob ihr Ergänzungsstriche gesetzt habt, die einen ausgelassenen Wortteil ersetzen.
Beispiele: kranken- und sozialversichert, Eisenbahnbrücken und -tunnel.

106 Wörter, die zusammengeschrieben werden

ÜA Übungsschwerpunkt: Bindestrich

Hinweis für die Schülerinnen und Schüler vor dem Diktat
Achtet darauf, dass Bindestriche gesetzt werden müssen, wo Zahlen, einzelne Buchstaben, Abkürzungen und Einzelwörter zu mehrteiligen Wortverbindungen gehören.
Beispiele: i-Punkt, 5-Liter-Auto.

Sauerstoff und Ozon
Sauerstoff (O_2) gab es als Gas noch nicht auf der Erde, als die ersten Bakterien vor mehr als drei (3) Milliarden Jahren die Erde belebten. Erst die Pflanzen, die die Energie des Sonnenlichtes nutzten, schufen unsere **O_2-reiche** Atmosphäre. Als der **O_2-Gehalt** die **3%-Marke (3-Prozent-Marke)** überschritt, konnten auch vielzellige Tiere ihre Organe hinreichend mit Sauerstoff versorgen(,) und es entwickelte sich eine Fülle neuer Formen und Arten.
In der heutigen Erdatmosphäre schützt der etwa **21%ige (21-prozentige) O_2-Anteil** die Pflanzen, Tiere und Menschen vor zu starker **UV-Einstrahlung**. Denn in höheren Schichten der Atmosphäre wird ein Teil des **O_2-Gases** zu O_3, dem **berühmt-berüchtigten** Ozon, umgewandelt. Und dieses filtert weitgehend den **UV-Anteil** aus dem Sonnenlicht heraus. Seit jedoch die Industrie die Atmosphäre mit Fluorchlorkohlenwasserstoffen belastet, wird die Ozonschicht immer dünner. Man forscht intensiv an diesen komplexen **Ursache-Wirkung-Beziehungen** und ergreift erste Maßnahmen. (139)
Aber auch wenn heute neue Kühlschränke **FCKW-frei** sind, befürchten viele ein weiteres Anwachsen des Ozonlochs – mindestens für einen **15-jährigen** Zeitraum. (159)

Mögliche Vorgaben: O_2, O_3, Ozon, Atmosphäre, Fluorchlorkohlenwasserstoffe, FCKW

Prüfmethode für Schülerinnen und Schüler
Schreibt Bindestriche in Zusammensetzungen mit Zahlen, einzelnen Buchstaben, Abkürzungen und bei mehrteiligen Wortverbindungen.
Beispiele: 15-Tonner, i-Punkt, ABC-Waffen, Trimm-dich-Pfad.

Wörter, die zusammengeschrieben werden

KG Übungsschwerpunkt: Gemischte Übung

Hinweis für die Schülerinnen und Schüler vor dem Diktat
Beachtet, dass zusammengesetzte Nomen, Verben und Adjektive zusammengeschrieben werden.

Auf zur Fahrraddemo (Fahrrad-Demo)!
Alle **fahrradbegeisterten** Mitbürger rufen wir auf(,) an der **diesjährigen** Fahrraddemo (Fahrrad-Demo) **teilzunehmen**. Wir starten am kommenden Sonntag um vierzehn (14) Uhr vom **Heinrich-Heine-Platz**. Wir werden die Hauptstraße **entlangfahren**, am Rathaus **vorbeischauen**, eine **extragroße** Runde durch die Altstadt drehen und dann **flussaufwärts** bis zur **Konrad-Adenauer-Brücke** radeln. Auf den frisch gemähten Uferwiesen warten Getränke, gegrillte Würstchen und selbst gebackene Kuchen. Auch darüber hinaus wird einiges los sein!
Wir demonstrieren dafür, dass unsere Stadt endlich eine **umweltbewusstere** und **fahrradfreundlichere** Verkehrspolitik betreibt. Bürger, die das Auto stehen lassen und Rad fahren wollen, machen immer wieder **leidvolle** Erfahrungen mit **abgasverpesteter** Luft, falsch parkenden Autos und **lebensgefährlichen** Kreuzungen. Wir fordern ein **zusammenhängendes** Netz von gesondert geführten Fahrradwegen, die das **Radfahren** sicher, schnell und angenehm machen. (123)
Straßenbauliche Maßnahmen werden sich nicht vermeiden lassen. Sie sind aber **vergleichsweise kostengünstig** und werden **letztendlich** allen Verkehrsteilnehmern und **insbesondere** unseren Kindern **zugute** kommen. (144)

Mögliche Vorgaben: Demo, Heinrich Heine, Konrad Adenauer

Prüfmethode für Schülerinnen und Schüler
Nutzt die erarbeiteten Prüfmethoden, um zu klären, ob es sich um eine Zusammensetzung oder um eine Wortgruppe handelt.
Zusammengesetzte Wörter schreibt ihr zusammen, Wortgruppen getrennt.

108 Wörter, die zusammengeschrieben werden

KA Übungsschwerpunkt: Gemischte Übung

Hinweis für die Schülerinnen und Schüler vor dem Diktat
Beachtet, dass zusammengesetzte Nomen, Verben und Adjektive zusammengeschrieben werden.

Freiwilliges Ökologisches Jahr
Unter ähnlichen Bedingungen wie beim Freiwilligen Sozialen Jahr können sich **17- bis 27-jährige** junge Menschen auch für ein Freiwilliges Ökologisches Jahr entscheiden. Die **ehrenamtlichen** Helfer können in der ökologisch orientierten Landwirtschaft **mitarbeiten**, **artgerechte** Tierhaltung kennen lernen oder **landschafts- und gartenbauliche** Projekte durch ihre praktische Mithilfe **unterstützen**. Oder sie werden in der Öffentlichkeitsarbeit aktiv, wenn Umweltschutzorganisationen für **umweltgerechtes** und **energiesparendes** Verhalten werben. Zu den **anspruchsvolleren** Aufgaben gehört es, Informationsmaterialien fertig zu stellen und **herauszugeben** oder darüber hinaus sogar Veranstaltungen **eigenverantwortlich durchzuführen**. (83)
Auch wissenschaftlich interessierte junge Leute kommen auf ihre Kosten und leisten Vorarbeit für einen Erfolg versprechenden Umweltschutz. Freiwillige **untersuchen** beim **Alfred-Wegener-Institut** für **Polar- und Meeresforschung** die mikroskopisch kleinen Lebewesen im Meeresplankton, von **einzelligen** Algen bis hin zu **wirbellosen** Tieren. Wer nicht **seekrank** wird, kann sogar beim **Probennehmen** auf hoher See dabei sein. Die weit gesteckten Arbeitsfelder dort reichen von der Tiefseeerkundung bis hin zur Untersuchung des Polareises. (151)

Mögliche Vorgaben: Plankton, Alfred Wegener

Prüfmethode für Schülerinnen und Schüler
Nutzt die erarbeiteten Prüfmethoden, um zu klären, ob es sich um eine Zusammensetzung oder um eine Wortgruppe handelt.
Zusammengesetzte Wörter schreibt ihr zusammen, Wortgruppen getrennt.

Zeichensetzung 109

OG Übungsschwerpunkt: Kommasetzung, wörtliche Rede

Hinweis für die Schülerinnen und Schüler vor dem Diktat
Bei diesem Diktat geht es um Satzschlusszeichen, Kommas und um die Zeichensetzung bei der wörtlichen Rede.

Zwischen zwei Scheiben Glück

In dem Buch „Zwischen zwei Scheiben Glück" erzählt Irene Dische das Schicksal von Peter. Der ungarische Junge aus einer jüdischen Familie lebt nach dem Tod der Mutter mal bei seinem heiß geliebten Vater, mal bei seinem Großvater, bei dem er sich weit weniger wohl fühlt. Als der Vater, ein Diplomat, Ende der Dreißigerjahre (dreißiger Jahre, 30er-Jahre, 30er Jahre) nach Berlin geht, darf Peter mitkommen und ist überglücklich. Wie im Traum erlebt er die fremde Großstadt, die Kinofilme und Feste, auf die er seinen Vater begleitet. Dass dieses Glück überschattet wird von den politischen Ereignissen der Nazi- und Vorkriegszeit, begreift der Junge noch nicht, wohl aber ahnt es der Leser des Buches, der die Zeichen im Text zu deuten versteht.
Lange bevor die braune Diktatur Europa überschwemmte, haben Vater und Sohn einmal bei Hochwasser am Ufer der Donau gestanden, deren braune Wassermassen über die Ufer traten.
„Du hast doch keine Angst?", fragte der Vater. (151)
„Nein", gab der Junge zurück.
„Dazu gibt es auch keinen Grund", behauptete der Vater, „denn du bist ja bei mir(,) und ich bin ein Glückspilz."
Ob das Glück ein Leben tragen kann, davon handelt dieses Jugendbuch. (187)

Mögliche Vorgabe: Irene Dische

Prüfmethode für Schülerinnen und Schüler: Satzbau prüfen
Überarbeitet die Zeichensetzung in Partnerarbeit.
Lest euch dazu das Diktat zunächst gegenseitig vor. Versucht, den Bau der Sätze durch Heben und Senken der Stimme und durch kurze Pausen deutlich zu machen.
Untersucht die Sätze. Sucht Aufzählungen, Zusätze, Relativsätze, Gliedsätze und Satzreihen. Setzt die Kommas.
In welche Sätze sind Anteile mit wörtlicher Rede eingebettet? Setzt die Anführungszeichen und Kommas.

Zeichensetzung

TA Übungsschwerpunkt: Satzschlusszeichen, obligatorische und fakultative Kommas

Hinweis für die Schülerinnen und Schüler vor dem Diktat
In diesem Diktat geht es um Satzschlusszeichen und Kommas.

Hinweis zum Diktieren: Die ersten drei Beispielsätze sollten so diktiert werden, dass die Mehrdeutigkeit nicht durch Pausen und Betonung aufgelöst wird, Zweifel über die richtige Setzung des Kommas also aufkommen kann.

Satzzeichen sind Signale
Zunächst drei Beispielsätze:
1. Maren verspricht(,) ihrer Freundin(,) die Haare abzuschneiden.
2. Maren verspricht, ihrem Pferd die Hufe auszukratzen.
3. Maren verspricht ihrem Reitlehrer, die Mähne zu striegeln.
Wem verspricht hier Maren etwas(,) und wem werden die Haare und Hufe gepflegt? Wenn keine Kommas gesetzt werden, können diese Sätze zwei Bedeutungen haben. Beim Sprechen kann man durch Pausen klar machen, wohin Freundin, Pferd und Reitlehrer gehören. Im Schriftlichen ist ein Komma nötig, damit die Leser ein eindeutiges Signal erhalten. Nicht immer führen fehlende Satzzeichen wie hier gleich zu Missverständnissen, aber eine wichtige Hilfe zum raschen Verständnis eines Textes liefern sie allemal. Satzschlusszeichen trennen die einzelnen Sätze und damit die Hauptgedanken voneinander ab. Kommas helfen(,) die grammatische Struktur eines Satzes zu verdeutlichen. So können sich die Leser schneller orientieren. (131)
Sollen die Leser diese Hilfe bekommen, müssen die Schreiber selber über den Satzbau nachdenken. Sie müssen Regeln beachten, können aber auch die Freiheiten bei der Zeichensetzung nutzen. (158)

Mögliche Vorgabe: Mähne

Prüfmethode für Schülerinnen und Schüler: Satzbau prüfen
Untersucht die Sätze. Sucht Aufzählungen (auch Satzreihen) und Nebensätze.
Wo kann man ein Komma setzen, muss es aber nicht tun? Wie ist der Satz leichter lesbar?

Zeichensetzung 111

ÜG Übungsschwerpunkt: Satzschlusszeichen, Doppelpunkt, Gedankenstrich

Hinweis für die Schülerinnen und Schüler vor dem Diktat
Neben Satzschlusszeichen und Kommas kann man beim Schreiben auch Doppelpunkte und Gedankenstriche zum Gliedern nutzen. Achtet in diesem Diktat darauf.

Interview mit Reinhold Messner
Frage: Reinhold Messner, Sie haben als erfolgreicher Bergsteiger alle Achttausender bezwungen, haben viele Erstbesteigungen durchgeführt und die Eiswüsten der Antarktis und Grönlands zu Fuß durchquert. Da fragt man sich: Warum stürzen Sie sich in solch extreme Abenteuer?
Antwort: Da ist zum einen natürlich – das beeindruckt mich immer wieder zutiefst – das elementare Naturerlebnis. Der eigentliche Reiz liegt aber in der Auseinandersetzung mit den Urgewalten. Ich stelle meine geistigen und körperlichen Fähigkeiten auf die Probe, erfahre meine Stärken, aber auch meine Grenzen und Schwächen. (86)
Frage: In Ihren Büchern begeistern Sie Ihre Leser mit Abenteuern in den entlegensten Winkeln der Erde. Gleichzeitig kritisieren Sie, dass der Massentourismus in immer entferntere Gebiete vordringt. Ist das nicht ein Widerspruch?
Antwort: Nicht unbedingt. Die Menschen wollen dem Alltag entfliehen und sich in der Natur oder in ungewohnten Situationen bewähren. Aber was kann man als Massentourist oder beim Aufstieg im Gänsemarsch erleben? Meine Antwort: Das wahre Erlebnis findet nur, wer eigene Wege geht – unabhängig von Höhen und Entfernungen. (165)

Mögliche Vorgaben: Interview, Reinhold Messner, bewähren, Tourist

Prüfmethode für Schülerinnen und Schüler: Satzbau prüfen
Lest das Diktat nochmals leise vor. Versucht, den Bau der Sätze durch Heben und Senken der Stimme und durch kurze Pausen deutlich zu machen.
Untersucht die Sätze und setzt Kommas und Satzschlusszeichen.
Sucht angekündigte Sätze oder Satzteile (Doppelpunkt!).
Sucht Zusätze und Nachträge (Gedankenstrich möglich!).

Zeichensetzung

ÜG Übungsschwerpunkt: Wörtliche Rede

Hinweis für die Schülerinnen und Schüler vor dem Diktat
In diesem Text geht es um die Zeichensetzung bei wörtlicher Rede.
Beachtet: Eine wörtlich wiedergegebene Äußerung steht zwischen Anführungszeichen.

Das Austauschkind
„Er meint, wir sollten dich nach England mitschicken", sagt die Mutter beim Mittagessen. Edgar ist für einen Moment sprachlos. Dann fragt er: „Wer meint das?", obwohl er natürlich weiß, dass nur von seinem Englischlehrer die Rede sein kann.
„Der Englischlehrer wäre sehr dafür. Eine Zwei im Zeugnis bekommst du nur, wenn sich deine Aussprache bessert", erklärt die Mutter. Zum Glück kennt Edgars Schwester die Gedankengänge der Eltern ganz genau und weiß, wie man sie von ihrem Plan abbringen kann. Ihr vorsichtiger Hinweis auf ein ausgeprägtes Nachtleben während so mancher Auslandsaufenthalte zeigt Wirkung.
„Edgar ist doch noch zu jung", findet die Mutter am Tag darauf. „Besser ist es, ein englischer Schüler kommt zu uns." (115)
In den Sommerferien kommt dann Jasper in die Familie, ein englischer Schüler, den Edgar zunächst gar nicht ausstehen kann. Als der Gast es aber schafft, das ordentliche Familienleben auf den Kopf zu stellen, sind die Kinder begeistert. Die Eltern sind entsetzt. (156)
Christine Nöstlinger zeigt in ihrem Buch „Das Austauschkind", wie die schwierige Situation schließlich doch gemeistert wird. (172)

Mögliche Vorgaben: Christine Nöstlinger, Jasper

Prüfmethode für Schülerinnen und Schüler: Satzbau prüfen
Die Zeichensetzung bei der wörtlichen Rede könnt ihr überprüfen, wenn ihr die Diktatsätze mit einem Schema vergleicht, das ihr euch anlegt.
Beispiele (Begleitsätze unterstrichen): <u>Er sagte</u>: „Heute regnet es", <u>und ging weiter</u>.
„Heute", <u>sagte er</u>, „regnet es."
„Regnet es heute?", <u>fragte er</u>.
<u>Fragte er</u>: „Regnet es heute?"<u>?</u>

Zeichensetzung 113

ÜA Übungsschwerpunkt: Wörtliche Rede

Hinweis für die Schülerinnen und Schüler vor dem Diktat
In diesem Text geht es um die Zeichensetzung bei wörtlicher Rede.
Beachtet: Eine wörtlich wiedergegebene Äußerung steht zwischen Anführungszeichen.

Das Leben ist schön
„Der Herr Inspektor", stellt die Rektorin den vermeintlichen Beamten der Schulbehörde den versammelten Schülern vor, „ist extra aus Rom zu uns gekommen(,) um euch die neuesten Ergebnisse der Rassenforschung nahe zu bringen."
Die folgende Szene ist eine der komischsten aus dem Film „Das Leben ist schön" von Roberto Benigni, der zur Zeit des italienischen Faschismus spielt. Der jüdische Buchhändler Guido, die Hauptfigur, hat sich unsterblich in die Lehrerin Dora verliebt.
„Ja, richtig…", beginnt er zögernd und lässt sich auf die Verwechselung ein.
„Ich bin hier(,) um euch die überragende Schönheit unserer Rasse vorzuführen. Schaut mich an! Gibt es einen, der schöner ist?" Schnell huscht sein Blick zu Dora.
„Diese linke Ohrmuschel mit dem baumelnden Ohrläppchen unten dran – was für ein beweglicher, biegsamer Knorpel! Gibt es ein schöneres Ohr?", fragt er in die Runde. (137)
Verwundert schauen ihn die Schüler an.
„Die spanischen Ohren oder die französischen … – da kann ich nur lachen. Und die russische Ohrmuschel", seine Stimme überschlägt sich fast, „ist einfach ekelhaft!" (168)
Mit viel Witz und menschlicher Wärme geht der Film Themen wie Judenverfolgung und Konzentrationslager an, wofür ihm das Publikum in den Kinos dankt. (190)

Mögliche Vorgaben: Guido, Roberto Benigni

Prüfmethode für Schülerinnen und Schüler: Satzbau prüfen
Die Zeichensetzung bei der wörtlichen Rede könnt ihr überprüfen, wenn ihr die Diktatsätze mit einem Schema vergleicht, das ihr euch anlegt.
Beispiele (Begleitsätze unterstrichen): <u>Er sagte</u>: „Heute regnet es", <u>und ging weiter</u>.
„Heute", <u>sagte er</u>, „regnet es."
„Regnet es heute?", <u>fragte er</u>.
<u>Fragte er</u>: „Regnet es heute?"?

114 Zeichensetzung

ÜG Übungsschwerpunkt: Kommasetzung bei Aufzählungen

Hinweis für die Schülerinnen und Schüler vor dem Diktat
Beachtet die Kommasetzung bei der Aufzählung von Wörtern, Wortgruppen oder Sätzen.

Wie in einem fremden Land
Natürlich hat auch das Zimmer eines Mädchens Wände und Fenster, einen Fußboden und eine Decke, Möbel und eine Tür. Und trotzdem ist es eine andere Welt, ein anderer Erdteil, ein fremdes Land. Unter dem Bett stehen keine verdreckten Turnschuhe, liegen keine Zeitschriften. Es gibt keine Haufen von Schnüren, Metallteilen, verstaubten Büchern und Kabeln überall im Zimmer. Vermutlich sind auch keine unanständigen Bildchen zwischen den Blättern des Atlas versteckt(,) und auf gar keinen Fall hängen an den Wänden Abbildungen brennender Kriegsschiffe.
Esthis Zimmer war in das sanfte, braune Licht der Nachttischlampe getaucht. Die zugezogenen blauen Vorhänge hatte ich schon tausendmal von draußen gesehen. Auf dem kleinen, ordentlichen Schreibtisch entdeckte ich Esthis Hefte, ihre Bleistifte und Wasserfarben. Über der Stuhllehne hing ihr geliebter weißer Pulli. (128)
„Du bist im Zimmer eines Mädchens", dachte ich, „du bist in Esthis Zimmer. Du großer, dummer Kerl stehst da und sagst kein Wort." Unter großen Qualen sagte ich schließlich etwas so Geistreiches wie: „In meinem Zimmer zu Hause ist es ganz anders." (170)
Aus dem Jugendbuch „Sumchi" von Amos Oz. (177)

Vorgaben: Esthi, Sumchi, Amos Oz

Prüfmethode für Schülerinnen und Schüler: Satzbau prüfen
Wenn Wörter, Wortgruppen oder Sätze aufgezählt werden, trennt ihr die Glieder der Aufzählung durch Kommas oder durch „und, oder, sowie".
Was zu einem Glied der Aufzählung gehört, erkennt ihr am besten, wenn ihr mitzählt.
Beispiel: Unter dem Bett lagen (erstens) Socken, (zweitens) angestaubte CDs und (drittens) schon lange ausgelesene Bücher.

Zeichensetzung 115

ÜG Übungsschwerpunkt: Kommasetzung in Satzgefügen

 Hinweis für die Schülerinnen und Schüler vor dem Diktat
Achtet besonders auf die Kommasetzung. Nebensätze grenzt ihr durch Kommas vom Hauptsatz ab.

Berts Katastrophen
Halli, hallo, Tagebuch! So beginnt jeder Eintrag im Tagebuch des schreibsüchtigen Bert, über dessen Lebenskatastrophen eine ganze Serie von Büchern erschienen ist. Weil Bert fast vierzehn Jahre alt ist und in die siebte Klasse geht, passieren ihm und seiner empfindsamen Seele allerhand aufregende Geschichten.
Der Mittwoch zum Beispiel: Wir hatten Kunst. Weil die Lehrerin immer befiehlt, was wir zeichnen sollen, fühlt man sich wie in einer Diktatur. Als wir also am Mittwoch Diktatur hatten, wurden wir gezwungen(,) ein Haus in Perspektive zu zeichnen. Mein Haus sah aus, als ob ein schielender Architekt die Bude gebaut hätte. Aber mein Freund Arne löste das Problem, indem er das Ganze mit knalliger Deckfarbe überschmierte und so in moderne Kunst verwandelte. (119)
Emilias Zeichnung aber war gut. Sie war so gut, dass ich achtzehnmal hinrennen und sie angucken musste. Beim neunzehnten Mal fragte Lisa, ob ich Ameisen in der Unterhose hätte, worauf Emilia Lisa wütend anstarrte und mir einen traurigen Blick zuwarf. (159)

Mögliche Vorgaben: Katastrophe, Perspektive, achtzehnmal, das neunzehnte Mal, Arne, Emilia, Lisa

 Prüfmethode für Schülerinnen und Schüler: Satzbau prüfen
Grenzt Nebensätze durch Kommas vom Hauptsatz ab. Daran erkennt ihr Nebensätze:
- Am Ende steht eine Verbform, die mit dem Subjekt übereinstimmt.
- Meist beginnen Nebensätze mit einer Konjunktion (weil, als, dass, ob, …) oder einem Relativpronomen.

Beispiele: Emilia fragt, <u>ob</u> er Tagebuch <u>schreibt</u>. <u>Ob</u> er Tagebuch <u>schreibt</u>, fragt Emilia.
Bert zeichnet ein Bild, <u>das</u> ihm nicht <u>gefällt</u>. Bert sucht sein Tagebuch, in <u>dem</u> er weiterschreiben <u>möchte</u>.

116 Zeichensetzung

ÜA Übungsschwerpunkt: Kommasetzung in Satzgefügen und Satzreihen

Hinweis für die Schülerinnen und Schüler vor dem Diktat
Achtet besonders auf die Kommasetzung. Gleichrangige Teilsätze grenzt ihr durch Kommas ab. Nebensätze grenzt ihr durch Kommas vom Hauptsatz ab.

Wo warst du, Robert?
Es ist ein ganz gewöhnlicher Tag, als Robert verschwindet. Und das Sonderbarste ist, dass nicht einmal seine Mutter etwas bemerkt.
Robert ist der Held des Jugendbuches „Wo warst du, Robert?" von Hans Magnus Enzensberger. Der Junge sieht fern, er sitzt im Kino oder betrachtet ein Foto. Da verschwimmt ihm das Bild vor den Augen. Wenn er sich dann die Augen reibt, befindet er sich urplötzlich am Ort und in der Zeit des abgebildeten Geschehens.
Er muss den Alltag im winterlichen Sibirien bestehen, er lebt in einem Barockschloss(,) und er gerät in die Wirren des Dreißigjährigen Krieges. Seine Zeitreisen gestalten sich immer abenteuerlicher, obwohl er zum Glück auch überall auf Menschen trifft, die ihn freundlich aufnehmen und die er in sein Herz schließt. Fast hat sich Robert schon an seine Reisen in Raum und Zeit gewöhnt, als ihm langsam klar wird, dass er jedes Mal tiefer in die Vergangenheit abstürzt. (152)
Von Roberts Reisen, die ihn an sieben verschiedene Schauplätze entführen, und davon, wie er es schafft, den Teufelskreis zu durchbrechen, erzählt Enzensberger in seinem Buch. (177)

Mögliche Vorgaben: Barock, Dreißigjähriger Krieg, Hans Magnus Enzensberger

Prüfmethode für Schülerinnen und Schüler: Satzbau prüfen
Grenzt gleichrangige Teilsätze durch Kommas ab.
Beispiel: Sie liest ein Buch, sie hört Musik(,) oder sie spielt Tischtennis.
Grenzt Nebensätze durch Kommas vom Hauptsatz ab. So erkennt ihr Nebensätze:
- Am Ende steht eine Verbform, die mit dem Subjekt übereinstimmt.
- Meist beginnen Nebensätze mit einer Konjunktion (weil, als, dass, ob, …) oder einem Relativpronomen.

Beispiele: Sonja fragt, ob sie ins Kino darf. Ob sie ins Kino darf, fragt Sonja.
Sonja liest ein Buch, das ihr gut gefällt. Sonja sucht das Buch, in dem sie weiterlesen möchte.

Zeichensetzung 117

ÜG Übungsschwerpunkt: Kommasetzung bei Relativsätzen

Hinweis für die Schülerinnen und Schüler vor dem Diktat
Achtet besonders auf die Kommas, die Relativsätze abgrenzen.

Hello, Alice
Alice ist eine eifrige Studentin, die an ihrer Doktorarbeit über künstliche Intelligenz bastelt. Sie hat ein Programm entwickelt, das den Namen Edgar trägt und das möglichst eigenständig Informationen sammeln und verarbeiten soll. Als sie nach den Weihnachtsferien die E-Mails durchsieht, die sich in der Zwischenzeit angesammelt haben, ist auch eine von einem gewissen Edgar dabei. Zwischen unverständlichen Programmzeilen stehen sinnvolle Sätze, mit denen Edgar Kontakt zu Alice aufnimmt.
Edgar, mit dem Alice bald regelmäßig E-Mails austauscht, ist offenbar ein selbst(st)ändig denkendes und sehr lernfähiges Programm, welches im Internet herumstöbert und alles Erreichbare liest und auswertet. Hat Alice ein künstliches Lebewesen erschaffen, durch das sie vielleicht zu wissenschaftlichem Ruhm kommen kann? Dieser Traum wird schnell zum Alb(p)traum. Denn Edgars unkontrollierbare Aktivitäten durchbrechen selbst die Datensicherung der Geheimdienste, deren Agenten daraufhin das Programm und seine Erschafferin verfolgen und unschädlich machen wollen. (141)
Der packende E-Mail-Roman „Hello, Alice" von Astro Teller stellt den elektronischen Briefwechsel zwischen Alice und dem Programm Edgar dar, dessen fast menschliche Züge im Laufe des Romans immer deutlicher hervortreten. (171)

Mögliche Vorgaben: Alice, Edgar, E-Mail, hello, Astro Teller

Prüfmethode für Schülerinnen und Schüler: Satzbau prüfen
Grenzt Relativsätze durch Kommas von anderen Sätzen ab. So erkennt ihr Relativsätze:
- Relativsätze beginnen mit einem Relativpronomen.
Beispiele: Der Brief, <u>der</u> auf dem Küchentisch lag, war an Alice adressiert.
Der Brief, <u>den</u> sie abschicken wollte, lag immer noch auf dem Schreibtisch.
Sie lief mit dem Brief, für <u>den</u> sie noch eine Briefmarke brauchte, zur Post.
- Am Ende steht eine Verbform, die mit dem Subjekt übereinstimmt.
Beispiel: Der Brief, der auf dem Küchentisch <u>lag</u>, war an Alice adressiert.
Die Briefe, die auf dem Küchentisch <u>lagen</u>, waren an Alice adressiert.

Zeichensetzung

ÜA Übungsschwerpunkt: Kommasetzung in Satzgefügen, Zusätze, Nachträge

Hinweis für die Schülerinnen und Schüler vor dem Diktat
Beachtet besonders die Kommasetzung. Kommas trennen Haupt- und Nebensätze. Auch Zusätze und Nachträge werden mit Kommas abgetrennt.

Emma und Daniel
Wie in jedem Jahr verbringt Emma den Sommer in freier Natur, in der einsamen Wildnis Nordschwedens, wo ihr Vater Touristen zum Angeln führt. Daniel hingegen begleitet seine Mutter nur unwillig in die Einsamkeit, als sie Emmas Vater besucht. Nicht einmal seinen Computer kann Daniel dort benutzen, weil es keinen Strom gibt. Dass Emma und Daniel nichts miteinander anfangen können, meinen die beiden sofort erkannt zu haben.
Daher zögern die Kinder, ob sie die Einladung des alten Isak annehmen sollen, der mit dem Motorboot den reißenden Strom aufwärts bis zu einem Gebirgssee zum Fischen fahren will. Emma würde liebend gerne mit ihm losziehen, am liebsten jedoch ohne diesen eingebildeten Stadtjungen. Sie bewundert den Alten, weil er wie kein Zweiter das Boot durch die Stromschnellen lenkt und alle Gefahren der Natur kennt. Daniel kommt schließlich doch mit, obwohl er sich nicht viel von dem Ausflug verspricht. Aber zugeben, dass er Angst vor der Bootsfahrt hat, mag er auch nicht. (160)
Mats Wahl erzählt in seinem Buch „Emma und Daniel", welche völlig unerwarteten Situationen Emma und Daniel, im Gebirge plötzlich ganz auf sich allein gestellt, meistern müssen. (186)

Mögliche Vorgaben: Isak, Mats Wahl, Tourist

Prüfmethode für Schülerinnen und Schüler: Satzbau prüfen
Grenzt Nebensätze durch Kommas ab. So erkennt ihr Nebensätze:
- Am Ende steht eine Verbform, die mit dem Subjekt übereinstimmt.
- Meist beginnen Nebensätze mit einer Konjunktion (weil, als, dass, ob, …) oder einem Relativpronomen.

Beispiele: Sonja fragt, <u>ob</u> sie ins Kino <u>darf</u>. <u>Ob</u> sie ins Kino <u>darf</u>, fragt Sonja.
Sonja liest ein Buch, <u>das</u> ihr gut <u>gefällt</u>. Sonja sucht das Buch, in <u>dem</u> sie weiterlesen <u>möchte</u>.
Trennt auch Zusätze und Nachträge durch Kommas ab.
Beispiele: Svenja, modebewusst wie immer, steuerte zielsicher auf den Kleiderstand zu.
Die Übernachtung war preisgünstig, jedoch ohne Frühstück.

Zeichensetzung 119

ÜG Übungsschwerpunkt: Textanordnung in Briefen, Listen, Abkürzungen

Hinweis für die Schülerinnen und Schüler vor dem Diktat
Schreibt den diktierten Text als Geschäftsbrief auf einem DIN A4-Blatt. Achtet besonders auf die Zeichensetzung und auf die korrekte Form des Briefes.

Realschule Zabelsberg Zabelsberg, 4. Mai 20..
Klasse 8a
Goethestr. 14
47731 Zabelsberg
Tel. (07884) 3621

An das Deutsche Museum
Museumsinsel 1

80538 München

Bitte um Information
Sehr geehrte Damen und Herren,
zur Vorbereitung einer Studienfahrt im Rahmen unseres Projekts „Energieversorgung im Wandel" planen wir einen Besuch im Deutschen Museum. Dazu hätten wir gerne nähere Informationen:
1 Gibt es in Ihrem Museum Führungen für Schulklassen(,) und welche speziellen Themen bieten Sie für Energietechnik, z. B. Stromversorgung, Wasserkraft, Windenergie, Solarenergie, an?
2 Wir wären Ihnen dankbar, wenn Sie uns einen Übersichtsplan über das Museum schicken könnten sowie ein Programm der täglichen Demonstrationen in den verschiedenen Abteilungen.
3 Gibt es im September/Oktober Sonderausstellungen im Museum?
Weitere Informationen bräuchten wir über:
4 Eintrittspreise für ca. 25 Schüler und zwei Begleitpersonen, evtl. auch für mehrere Tage(,)
5 Anmeldebedingungen und Kosten für Führungen(,)
6 Aufenthaltsräume für Pausen und Gespräche(.)
Vielen Dank für Ihre Bemühungen.
Mit freundlichen Grüßen
Ihre Klasse 8a (154)

Prüfmethode für Schülerinnen und Schüler: Einprägen, Prüfen
Überprüft die Zeichensetzung. Denkt an das Komma bei der Datumsangabe und nach der Anrede.

Zeichensetzung

KG Übungsschwerpunkt: Gemischte Übung

Hinweis für die Schülerinnen und Schüler vor dem Diktat
Beachtet die Kommasetzung und die Zeichensetzung bei wörtlicher Rede.

Der lange Weg des Lukas B.
„Du hast gute Arbeit geleistet, Lukas", sagte der Alte und fügte hinzu: „Wie jeder Zimmermann solltest du damit beginnen(,) dein Zeichen zu schlagen."
Lukas hatte dem Zunftzeichen bisher wenig Beachtung geschenkt, aber er wusste, dass jedes Haus, jede schwierige Holzverbindung Großvaters Zeichen trug.
„Hatte Vater eigentlich auch ein Zeichen?", fragte er.
„Natürlich", antwortete der alte Mann, „eine Bienenwabe mit zwei Keilen hatte er gewählt, jedoch nur selten benutzt."
Später, als der Junge in der Kajüte des Kapitäns stand, betrachtete er still die fein gezeichneten Bienenwaben mit den Keilen auf den Spielkarten, die der Kapitän einem Maler abgekauft hatte. Während Lukas den Spuren seines verschwundenen Vaters folgt, findet er seinen eigenen Weg im Leben. (119)
Davon und von den abenteuerlichen Erlebnissen einer Zimmermannstruppe, die im 19. Jahrhundert aus einem ostpreußischen Dorf aufbricht und in Amerika ihr Glück sucht, erzählt Willi Fährmann in seinem Buch „Der lange Weg des Lukas B." (154)

Mögliche Vorgaben: Lukas, Zunft, Willi Fährmann

Prüfmethode für Schülerinnen und Schüler: Satzbau prüfen
Geht das Diktat noch einmal durch:
Wo gibt es wörtliche Rede? Wo müssen Anführungszeichen, Satzschlusszeichen, Komma oder Doppelpunkt stehen?
Sind Aufzählungen (auch von Sätzen) durch Kommas getrennt?
Sind Nebensätze durch Kommas abgetrennt?

Zeichensetzung 121

KA Übungsschwerpunkt: Gemischte Übung

Hinweis für die Schülerinnen und Schüler vor dem Diktat
Beachtet die Kommasetzung und die Zeichensetzung bei wörtlicher Rede.

Monsun oder Der Weiße Tiger
Gopu lächelt und tröstet den jüngeren Freund. Er benutzt die Worte, mit denen sein Vater ihn seinerzeit in Bombay getröstet hatte, als der Großvater starb: „Von Zeit zu Zeit verwandelt sich der Tod in einen weißen Tiger. Er streift über die Erde(,) und entdeckt er einen, der leidet, so erlöst er ihn."
„Dann hat er den kranken Flötenspieler erlöst? Ist er ein guter Tiger?", fragt der Junge. Gopu muss nicht lange überlegen. „Ja", sagt er, „er ist gut."
Wie schnell die Obdachlosigkeit während der Regengüsse des Monsuns in einer indischen Großstadt zum Verhängnis werden kann, erlebt Gopu hautnah. Ihm wird bewusst, welche Verantwortung er als ältester Sohn einer Familie aus ärmlichen Verhältnissen trägt, nachdem der Vater seine Arbeit verloren hat. Soll er die Arbeit in einem wohlhabenden Haushalt fernab der Heimat, seine eigene Zukunft, aufs Spiel setzen, damit er der Familie helfen kann? (148)
Klaus Kordon lässt in „Monsun oder Der Weiße Tiger" Schicksale aus dem heutigen Indien lebendig werden, erzählt von einer großen Freundschaft und zeigt, dass es oft keine einfachen Antworten auf grundlegende Fragen gibt. (181)

Mögliche Vorgaben: Der Weiße Tiger (Großschreibung), Gopu, Monsun (Regenzeit in Indien), Klaus Kordon

Prüfmethode für Schülerinnen und Schüler: Satzbau prüfen
Geht das Diktat noch einmal durch:
Wo gibt es wörtliche Rede? Wo müssen Anführungszeichen, Satzschlusszeichen, Komma oder Doppelpunkt stehen?
Sind Aufzählungen (auch von Sätzen) durch Kommas getrennt?
Sind Nebensätze durch Kommas abgetrennt?

122 das oder dass

**OG Übungsschwerpunkt: das/dass
Artikel, Pronomen oder Konjunktion**

Hinweis für die Schülerinnen und Schüler vor dem Diktat
Entscheidet, wann „das" mit einfachem s und wann „dass" mit Doppel-s geschrieben wird.

Sechs Monate im All
Die amerikanische Astronautin Shannon Lucid nahm 1996 als erste Frau an einem Langzeitaufenthalt auf der russischen Raumstation Mir teil. Sie leitete ein Forschungsprogramm, **das** unter anderem dazu beitrug, den Brandschutz in Raumschiffen zu verbessern. Außerdem lieferte sie den Beweis, **dass** Pflanzenwachstum im schwerelosen Raum möglich ist. Neben der Arbeit im Labor gehörte das tägliche Joggen auf dem Laufband zu ihren Pflichten. Ein elastisches Band, **das** die Schwerkraft ersetzen soll, hält die Astronautin am Boden, **sodass** (so **dass**) Laufen überhaupt möglich wird. Ohne das Lauftraining würde in der Schwerelosigkeit schnell ein Muskelschwund einsetzen(,) und **das** hätte bei der Rückkehr schlimme Folgen.
Über sechs Monate lebte und arbeitete die Astronautin zusammen mit einem russischen Team, **das** für die Technik und Sicherheit an Bord zuständig war. (127)
Bei den gemeinsamen Mahlzeiten wurde viel erzählt und gelacht. Man probierte neue Rezepte aus, die darin bestanden, **dass** man verschiedene Tüten mit Trockennahrung kombinierte. Die Amerikanerin verstand sich gut mit ihren Kollegen. (159)
Das zeigt, **dass** Unterschiede in Sprache, Kultur und Geschlecht einer vertrauensvollen Zusammenarbeit auch im Weltall nicht im Wege stehen. (178)

Mögliche Vorgaben: Shannon Lucid, Mir, Team

Prüfmethode für Schülerinnen und Schüler: Satzbau prüfen
Wie kann man zwischen das und dass unterscheiden? Hier habt ihr drei Möglichkeiten. Entscheidet, welche euch am besten hilft.
Ersatzprobe: Schreibt „das" mit einfachem s, wenn man es durch eins der Wörter „dieses", „jenes" oder „welches" ersetzen könnte. Sonst schreibt „dass".
Dialektprobe: In manchen Dialekten kann man den Unterschied zwischen „das" und „dass" in der Aussprache hören.
Grammatische Erklärung: Mit einfachem s werden der Artikel, das Relativpronomen und das Demonstrativpronomen „das" geschrieben. Doppel-s schreibt man, wenn „dass" eine Konjunktion ist.
Beispiele: Das Schiff, das gestern den Hafen verließ, geriet in Seenot. Das hatte niemand erwartet. Wir hoffen, dass alle Seeleute gerettet werden.
Prüft auch die Kommasetzung.

das oder dass 123

ÜG Übungsschwerpunkt: „das" als Artikel und Pronomen

Hinweis für die Schülerinnen und Schüler vor dem Diktat
Beachtet: „Das" mit einfachem s kann unterschiedliche Aufgaben im Satz erfüllen. Es kann Artikel (das Heft), Relativpronomen (das Heft, das …) oder Demonstrativpronomen (Das ist neu.) sein.

Weltraumschnupfen
Längere Aufenthalte im Weltraum wirken sich auf die Gesundheit der Astronauten aus. Das Skelett der Raumfahrer, **das** auf der Erde den Körper stützt, hat im schwerelosen Raum keine Aufgabe mehr und wird deshalb langsam abgebaut. Auch die Muskulatur wird schwächer. Dagegen hilft nur sportliches Training, **das** auf die Bedürfnisse der Astronauten abgestimmt ist.
Bereits nach wenigen Minuten im All zeigt sich ein weiteres Problem, **das** den ganzen Flug über anhält.(:) Die Nase schwillt zu, Dauerschnupfen stellt sich ein(,) und das Gesicht quillt auf. **Das** erkennt man sogar bei manchen Fernsehübertragungen aus Weltraumstationen. Das Blut, **das** auf der Erde nach unten in Leib und Beine gedrückt wird, verlagert sich bei Schwerelosigkeit stärker in den Kopf und in den Brustraum. Anfangs war **das** ein Grund zur Sorge, aber zum Glück gehen diese Erscheinungen auf der Erde wieder völlig zurück. (139)
Interessanterweise zeigen sich ähnliche Probleme auch hier auf der Erde, wenn jemand lange das Bett hüten muss. Das Wissen, **das** die Weltraummedizin liefert, kann auch bettlägerigen Patienten helfen(,) wieder auf die Beine zu kommen. (173)

Mögliche Vorgaben: Training, Station, Patient

Prüfmethode für Schülerinnen und Schüler: Satzbau prüfen
Den Artikel, das Relativpronomen und das Demonstrativpronomen „das" schreibt man mit einfachem s.
Ersatzprobe: Dieses „das" könnt ihr daran erkennen, dass ihr es durch „dieses, jenes, welches" ersetzen könnt.
Beispiele: Das Schiff, das gestern den Hafen verließ, geriet in Seenot. Dieses/jenes Schiff, welches gestern den Hafen verließ, geriet in Seenot. Das hatte niemand erwartet. Dieses hatte niemand erwartet.
Relativpronomen: Prüft, ob sich „das" als Relativpronomen ändert, wenn man das Bezugswort gegen ein männliches oder weibliches austauscht.
Beispiel: Das Problem, das sich später ergab, … → die Schwierigkeit, die sich später ergab, …
Überprüft auch die Kommasetzung bei den Relativsätzen.

124 das oder dass

ÜG Übungsschwerpunkt: „dass" als Konjunktion

Hinweis für die Schülerinnen und Schüler vor dem Diktat
Beachtet, dass die Konjunktion „dass" mit Doppel-s geschrieben wird.

Aus dem Protokoll einer Schülerratssitzung
TOP 3: Umgestaltung des Schulgeländes
Der Schülerrat greift den Vorschlag aus der letzten Sitzung auf(,) sich für die Umgestaltung des Schulhofes einzusetzen. Mehrere Schülervertreter stellen nochmals fest, **dass** das jetzige Pausengelände sehr öde und langweilig ist und **dass** dadurch einige Schüler sogar zu Verschmutzungen und Zerstörungen verleitet werden.
Andere Schulen haben die Erfahrung gemacht, **dass** eine Umgestaltung des Schulhofs zu sehr ansehnlichen Ergebnissen führen kann. Florian, Anja und Petra berichten von ihrem Besuch in Meckesheim und **dass** sie besonders von den Kletterfelsen und den naturnahen Sitzecken begeistert waren. Auch **dass** auf mehreren Flächen Ball gespielt werden kann, wurde als sehr positiv gewertet. Wichtig für den Erfolg der Aktion sei dort gewesen, **dass** von Anfang an Schüler, Lehrer, Eltern und Gemeinde zusammengearbeitet hätten. (127)
Der Schülerrat fasst daher den Beschluss, **dass** eine Initiative zur Schulhofumgestaltung gestartet wird. Das Problem, **dass** die Gemeinde nur wenig Geld zur Verfügung stellen kann, soll mit der Hilfe von Eltern und Sponsoren gelöst werden. Die Klassensprecher sorgen dafür, **dass** die einzelnen Klassen bis April Planungsvorschläge erarbeiten. (174)

Mögliche Vorgaben: TOP, Meckesheim, Sponsoren

Prüfmethode für Schülerinnen und Schüler: Satzbau prüfen
Die Konjunktion „dass" wird mit doppeltem s geschrieben. Die folgenden Beispiele sollen euch helfen, typische Situationen zu erkennen, in denen die Konjunktion „dass" einen Gliedsatz einleitet.
Beispiele: Sie sagte, dass …
Es zeigte sich, dass …
Dass es schwierig würde, war zu erwarten.
… das Versprechen, dass sie uns dabei helfen würden, … (genauso wie: … die Ankündigung, dass sie uns helfen würden, …)
Überprüft auch die Kommasetzung.

das oder dass 125

ÜG Übungsschwerpunkt: das/dass

 Hinweis zum Übungsschwerpunkt
Entscheidet, wann „das" mit einfachem s und wann „dass" mit Doppel-s geschrieben wird.

Computer schreiben Diktate
Nora klemmt den Minicomputer unter die Tischplatte. Unauffällig startet sie das Spracherkennungsprogramm. Es setzt das Diktat, **das** der Lehrer vorne deutlich vorliest, in eine Textdatei um. Die blaue Schreibschrift des Druckers lässt den Lehrer später nicht daran zweifeln, **dass** das Diktat von Nora selbst geschrieben wurde.
Noch brauchen die Lehrer keine Angst zu haben, **dass** Schüler sie mit dieser Technik hinters Licht führen. Aber Diktierprogramme sind tatsächlich bereits so leistungsstark, **dass** sie von Schreibbüros sinnvoll genutzt werden können. Moderne Programme enthalten ein Wörterbuch, **das** etwa hunderttausend (100 000) Wörter erkennt und richtig schreibt. Außerdem können die Benutzer ihrem Programm beibringen, **dass** es sogar häufig benutzte Namen und spezielle Wörter wiedererkennt und richtig schreibt. Noch ist das Training, **das** man mit den Programmen durchführen muss, recht zeitraubend. Aber die Hersteller versprechen, **dass** in Zukunft alles leichter und besser geht. (139)
Allerdings lässt sich nicht vermeiden, **dass** der Text von Hand nachkorrigiert wird. Dabei zeigt sich, **dass** der Computer ganz andere Fehler macht als die Schülerin Nora. Zwar schreibt er jedes Wort richtig, **das** er erkannt hat. Aber er versteht eben nicht, **dass** an mancher Stelle ein ganz anderes Wort gemeint war. (189)

Mögliche Vorgaben: Nora, Minicomputer, Training

 Prüfmethode für Schülerinnen und Schüler: Satzbau prüfen
Wie kann man zwischen das und dass unterscheiden? Hier habt ihr drei Möglichkeiten. Entscheidet, welche euch am besten hilft.
Ersatzprobe: Schreibt „das" mit einfachem s, wenn man es durch eins der Wörter „dieses", „jenes" oder „welches" ersetzen könnte. Sonst schreibt „dass".
Dialektprobe: In manchen Dialekten kann man den Unterschied zwischen „das" und „dass" in der Aussprache hören.
Grammatische Erklärung: Mit einfachem s werden der Artikel, das Relativpronomen und das Demonstrativpronomen „das" geschrieben. Doppel-s schreibt man, wenn „dass" eine Konjunktion ist.
Beispiele: Das Schiff, das gestern den Hafen verließ, geriet in Seenot. Das hatte niemand erwartet. Sie hofft, dass sie heil ankommt.
Prüft auch die Kommasetzung.

126 das oder dass

ÜA Übungsschwerpunkt: das/dass

Hinweis zum Übungsschwerpunkt
Entscheidet, wann „das" mit einfachem s und wann „dass" mit Doppel-s geschrieben wird.

Rückkehr nach Babylon?
In Babylon wollten die Menschen vor langer Zeit ein Bauwerk errichten, **das** bis in den Himmel reichen sollte. Gott befürchtete, **dass** sie **das** auch schaffen würden, denn sie sprachen eine gemeinsame Sprache und verstanden sich gut untereinander. Da gab er ihnen unterschiedliche Sprachen und verteilte sie über die ganze Erde, **sodass** (so **dass**) sie ein so überhebliches Werk nicht wiederholen konnten. **Das** berichtet jedenfalls die Bibel.
Heute schätzen Sprachforscher, **dass** etwa alle zwei Wochen eine Sprache stirbt. Von den fast 7000 (siebentausend) Sprachen der Welt wird die Hälfte in den nächsten hundert (100) Jahren verstummen. Die jungen Leute ziehen in die Städte und machen die Erfahrung, **dass** sie nur mit der dortigen Sprache Arbeit finden und vorwärts kommen. (117)
Dazu kommt die Entwicklung, **dass** die Menschen weltweit dieselben Fernsehprogramme sehen, dieselben Produkte kaufen, im selben Internet surfen und über das Englische kommunizieren, **das** sich zur Weltsprache entwickelt. **Dass** die Völker damit auch zu einer besseren Verständigung finden und ihre Chance diesmal besser nutzen, bleibt zu hoffen. (164)

Mögliche Vorgaben: Babylon, kommunizieren, Chance

Prüfmethode für Schülerinnen und Schüler: Satzbau prüfen
Wie kann man zwischen das und dass unterscheiden? Hier habt ihr drei Möglichkeiten. Entscheidet, welche euch am besten hilft.
Ersatzprobe: Schreibt „das" mit einfachem s, wenn man es durch eins der Wörter „dieses", „jenes" oder „welches" ersetzen könnte. Sonst schreibt „dass".
Dialektprobe: In manchen Dialekten kann man den Unterschied zwischen „das" und „dass" in der Aussprache hören.
Grammatische Erklärung: Mit einfachem s werden der Artikel, das Relativpronomen und das Demonstrativpronomen „das" geschrieben. Doppel-s schreibt man, wenn „dass" eine Konjunktion ist.
Beispiele: Das Schiff, das gestern den Hafen verließ, geriet in Seenot. Das hatte niemand erwartet. Sie hofft, dass sie heil ankommt.
Prüft auch die Kommasetzung.

das oder dass

KG Übungsschwerpunkt: das/dass

Hinweis für die Schülerinnen und Schüler vor dem Diktat
Entscheidet, wann „das" mit einfachem s und wann „dass" mit Doppel-s geschrieben wird.

Feuer im All
Ein Experiment, **das** auf der russischen Raumstation Mir durchgeführt wurde, sollte die Frage beantworten: Wie brennt eine Kerze in nahezu schwereloser Umgebung?
In einer speziell dafür gebauten Kammer wurden Kerzen mit einer elektrisch erhitzten Drahtschlinge angezündet, **sodass** (so **dass**) das Unfallrisiko möglichst gering gehalten wurde. Sofort nahm die Flamme die Form einer Halbkugel mit hellem Kern an. Die Kerzen brannten fünfmal (5-mal) langsamer als auf der Erde, aber bereits nach kurzer Zeit schmolz das ganze Wachs. Erstaunlich war, **dass** die Kerzen dennoch nicht erloschen. Das flüssige Wachs, **das** um den Docht herum einen wirbelnden Ball bildete, wurde wie ein Wassertropfen durch die Oberflächenspannung zusammengehalten.
Die ungewöhnliche Brennweise erklärt sich dadurch, **dass** erwärmte Luft im schwerelosen Raum keinen Auftrieb bekommt. Wegen der fehlenden Luftströmung ist die Sauerstoffzufuhr nur gering, **sodass** (so **dass**) die Verbrennung langsamer verläuft. Trotzdem entstehen höhere Temperaturen, da sich die Hitze staut, ohne **dass** sie(,) wie auf der Erde(,) nach oben abgeführt wird. (158)
Dass Versuche wie diese auch von praktischem Nutzen sein können, **das** zeigte sich später bei einem Feuer auf dem Raumschiff, **das** schnell unter Kontrolle gebracht werden konnte. (185)

Mögliche Vorgaben: Raumstation Mir

Prüfmethode für Schülerinnen und Schüler: Satzbau prüfen
Wie kann man zwischen das und dass unterscheiden? Hier habt ihr drei Möglichkeiten. Entscheidet, welche euch am besten hilft.
Ersatzprobe: Schreibt „das" mit einfachem s, wenn man es durch eins der Wörter „dieses", „jenes" oder „welches" ersetzen könnte. Sonst schreibt „dass".
Dialektprobe: In manchen Dialekten kann man den Unterschied zwischen „das" und „dass" in der Aussprache hören.
Grammatische Erklärung: Mit einfachem s werden der Artikel, das Relativpronomen und das Demonstrativpronomen „das" geschrieben. Doppel-s schreibt man, wenn „dass" eine Konjunktion ist.
Beispiele: Das Schiff, das gestern den Hafen verließ, geriet in Seenot. Das hatte niemand erwartet. Sie hofft, dass sie heil ankommt.
Prüft auch die Kommasetzung.

das oder dass

KA Übungsschwerpunkt: das/dass

Hinweis für die Schülerinnen und Schüler vor dem Diktat
Entscheidet, wann „das" mit einfachem s und wann „dass" mit Doppel-s geschrieben wird.

Der Versuch mit der Kerzenflamme
Einfach durchzuführen ist folgendes Experiment, für **das** man eine Kerze, Streichhölzer und eine Laterne benötigt. Es reicht auch, wenn man ein Teelicht in ein etwas tieferes Glas legt, **das** die Flamme gegen Luftzug schützt. Schwenkt man die Kerze nun hin und her, bemerkt man, **dass** sich die Kerzenflamme zur einen oder anderen Seite neigt. Eigenartig aber ist, **dass** sie der Bewegung vorauseilt und nicht etwa zurückbleibt(,) wie wir es vielleicht erwartet hätten.
Man kann den Versuch auch so abwandeln, **dass** man sich um die eigene Achse dreht und die Laterne mit der Kerze im Kreis um sich herum bewegt. Dann macht man die Beobachtung, **dass** die Kerzenflamme nicht etwa nach außen geschleudert wird, sondern **dass** sie sich nach innen neigt. (125)
Das lässt sich so erklären: Das Gas, **das** in der Flamme stark erhitzt wird, hat eine geringere Dichte als die kühlere Luft, die sie umgibt. Dadurch wirken die Trägheitskräfte bei der Richtungsänderung und bei der Kreisbewegung stärker auf die kühlere Luft, **sodass** (so **dass**) diese hinter der Bewegung zurückbleibt und stärker nach außen gedrückt wird als die Flamme selbst. (184)

Prüfmethode für Schülerinnen und Schüler: Satzbau prüfen
Wie kann man zwischen das und dass unterscheiden? Hier habt ihr drei Möglichkeiten. Entscheidet, welche euch am besten hilft.
Ersatzprobe: Schreibt „das" mit einfachem s, wenn man es durch eins der Wörter „dieses", „jenes" oder „welches" ersetzen könnte. Sonst schreibt „dass".
Dialektprobe: In manchen Dialekten kann man den Unterschied zwischen „das" und „dass" in der Aussprache hören.
Grammatische Erklärung: Mit einfachem s werden der Artikel, das Relativpronomen und das Demonstrativpronomen „das" geschrieben. Doppel-s schreibt man, wenn „dass" eine Konjunktion ist.
Beispiele: Das Schiff, das gestern den Hafen verließ, geriet in Seenot. Das hatte niemand erwartet. Sie hofft, dass sie heil ankommt.
Prüft auch die Kommasetzung.